Goethes Wohnhaus

Goethes Wohnhaus

Gisela Maul
Margarete Oppel

mit Beiträgen von
Erich Trunz
Katharina Krügel
Marie-Luise Kahler

Stiftung Weimarer Klassik
bei Hanser

Inhalt

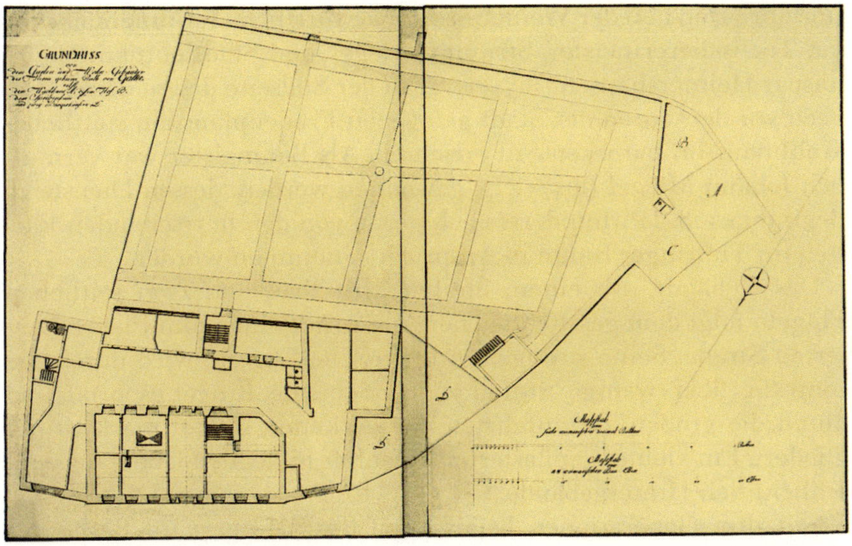

Grundriß von Haus und Garten
vor dem Umbau (siehe S. 12)

Im Jahre 1709 ließ der Weimarer Bürger, fürstliche Kammerkommissar, Tuchscherermeister, Strumpfverleger und Stadtleutnant Georg Kaspar Helmershausen (1654–1716) an der Südseite des zu dieser Zeit noch vor den Toren der Stadt gelegenen Frauenplans ein stattliches Wohnhaus im barocken Stil errichten. Als Baumeister war vermutlich Johann Mützel (1647–1717) gewonnen worden, dessen Dienste zu Beginn des 18. Jahrhunderts auch gerne von den herrschenden Fürsten im Thüringer Raum in Anspruch genommen wurden.

Das Gebäude mit einem breiten Mittelbau und zwei seitlichen Flügeln folgt dem geschwungenen Verlauf der hier zum Platz erweiterten Straße. Seine strenge, symmetrische Fassade wird durch das zentrale, über wenige Stufen zu erreichende Eingangsportal und durch die großen Toreinfahrten der seitlichen Flügel markant gegliedert. Ein kleiner gepflasterter Innenhof bildet den Übergang zum schlichteren Hintergebäude.

Seit drei Generationen befand sich das Anwesen im Besitz der Familie Helmershausen, als Johann Wolfgang von Goethe im Frühjahr 1782 hier einzog.

Goethe war im November 1775 einer Einladung des achtzehnjährigen Herzogs Carl August von Sachsen-Weimar-Eisenach nach Weimar gefolgt und hatte sich zur Mitwirkung an der Regierung des aufklärerisch erzogenen Fürsten entschlossen.

Zunächst wohnte er vorübergehend als Gast beim Kammerpräsidenten von Kalb. Als feststand, daß er in der Stadt bleiben würde, bemühte er sich um ein neues Quartier. Nach einer nicht überlieferten Interimslösung nutzte er von Johanni 76 bis Ostern 77 Räume in einem Haus am Burgplatz als Stadtwohnung. Nachdem Goethe am 26. April 1776 das Weimarer Bürgerrecht erhalten hatte – was mit eigenem Hausbesitz verbunden war, zu dem ihm Carl August mit dem Geschenk des Gartenhauses am Stern wenige Tage zuvor (am 22. April) verholfen hatte –, war auch rechtlich die Möglichkeit geschaffen, ein Amt im Herzogtum zu übernehmen. Goethe wurde Mitglied des Geheimen Consiliums, was ihm außer der Chance, politisch Einfluß zu nehmen, ein Jahresgehalt von 1200 Talern sicherte.

Für die Organisation des Haushaltes in der neuen Heimstatt des Gartenhauses sorgte zunächst der aus Frankfurt mitgekommene Diener Philipp Seidel (1755–1820), unterstützt von Dorothee Wagenknecht (1736–1806) als Köchin. Später wurde dann das Personal um Christoph Erhard Sutor (1754–1838) sowie den sechzehnjährigen Paul Götze (1761–1835) und dessen Mutter Maria Dorothea (1730–1812) erweitert.

Wenn die Schmelzwasser aus dem Thüringer Wald im Frühjahr den Pegel der Ilm ansteigen ließen, mußte Goethe zeitweilig in die am anderen Ufer des Flusses gelegene Stadt umziehen. Von 1777 bis 1779 wechselte er, wenn das Wetter den Übergang über die Ilm zu verhindern drohte oder die Bequemlichkeit es sonst gebot, in Räume des Fürstenhauses. Später mietete er ein bescheidenes Quartier in der Seifengasse, in einem dem Haus der Familie des Oberstallmeisters von Stein benachbarten Gebäude. Zunehmende amtliche und damit gesellschaftliche Verpflichtungen veranlaßten Goethe schließlich, die einfache Herberge gegen eine repräsentativere Wohnung zu tauschen.

Im Herbst des Jahres 1781 bemühte sich Goethe dann um einen Mietkontrakt für das Haus am Frauenplan mit dem Garnisonsmedicus Dr. Paul Johann Friedrich Helmershausen (1735–1820). Helmershausen war nach dem Tode seines Vaters im Jahre 1757 eines von zwölf für das Bürgerhaus am Frauenplan erbberechtigten Kindern. Die offenkundig komplizierte Regelung der Erbschaft beanspruchte fünfzehn Jahre und konnte 1772 damit abgeschlossen werden, daß der Garnisonsmedicus, Enkel des Erbauers, die Besitzanteile seiner Geschwister durch Kauf erwarb.

Den größeren und vielleicht auch komfortableren Teil des Gebäudes, nämlich die westlichen Zimmer des Vorder- und des Hinterhauses, auf die auch Goethes Bemühungen abzielten, hatte der neue Besitzer vermietet, die östlichen Räume bewohnte er selbst. Ein Brief Goethes an Charlotte von Stein (1742–1827) vom 14. November 1781 bezeugt den erfolgreichen Verlauf der Verhandlungen: »Zuförderst also mein lieber Schutzgeist dir die Nachricht daß ich mit Helmershausen richtig gemacht habe. Auf Ostern zieht Hendrich aus und ich trete in seine Miete habe den ganzen Sommer Zeit mich einzurichten, und künftigen Winter sehn wir unsern Planen entgegen. Adieu, beste du siehst das Glück sorgt für uns. Der Ausgang durch den Garten ist nicht das geringste von den Annehmlichkeiten dieser Wohnung.« Der Mietvertrag vom 19. April 1782 hält die Konditionen der Nutzung fest. Goethe standen danach die Küche mit einigem Inventar, Kammern, zwei Stuben und ein Gewölbe im Parterre sowie zwei Keller zur Verfügung. In der ersten Etage des Vorderhauses der Saal, die große Stube mit Alkoven, ein kleines Kabinett, die daneben befindliche Eckstube und eine Kammer. Vom Hinterhaus wurden eine große und eine kleine Stube und drei Kammern vermietet, dazu wurde die gemeinsame Nutzung der hinteren Böden verabredet. Die vordere Mansarde mit allen Stuben, Kammern und Böden war ebenfalls für den »Abmieter« bestimmt. Die Auflistung bezieht sich auf die damalige, ursprüngliche Raumsituation. Durch den Umbau von 1792 (vgl. S. 28) gingen Räume im Parterre und in der ersten Etage verloren. Weiter garantierte der Vertrag den freien Gebrauch des Hofbrunnens, die Nutzung der Waschküche in Absprache mit dem Vermieter und freien Durchgang durch den Garten, der ausschließlich dem Herrn Abmieter zugestanden wurde. Von den Nebengelassen gingen die beiden Ställe rechts und links der Gartentreppe, Schuppen und Holzremise an Goethe. Goethe habe – wie schon seine Vorgänger, die Geheimen Räte Hendrich und Fritsch – alle anfallenden kleinen Reparaturen, das Weißen und den Essenkehrerlohn selbst zu bezahlen, für selbstverschuldete Schäden geradezustehen und im übrigen alles frisch geweißt und wohlerhalten wieder zu übergeben, wenn er aus dem Vertrag ausscheide, der von Ostern 1782 bis Ostern 1788 für eine Jahresmiete von 144 Talern abgeschlossen wurde. Daß es um die Wohlbeschaffenheit aller Räume weniger gut bestellt war, als Helmershausen vorgab, verdeutlicht ein Nachtrag zum Kontrakt vom 27. Juni des Jahres, dem zufolge Goethe für notwendige, selbstfinanzierte »gnädig besorgte Reparaturen« der ausgelegte Betrag von 48 Talern vom vereinbarten Mietpreis abgezogen wurde. Ein vierseitiges Inventarium führt alle Türen, Fenster, Schlösser, Schlüssel, Fußböden und dem Mieter zur Nutzung überlassenen Einrichtungsgegenstände mit akribischer Genauigkeit auf.

In seinem Tagebuch notierte Goethe am 2. Juni 1782: »in die Stadt gezogen zum erstenmal, hinne geschlafen.« Damit beginnt, abgesehen von den Unterbrechungen, auf die noch einzugehen sein wird, die fast fünfzig Jahre umspannende Ära, in der Goethe unter wechselnden Schicksalen das Haus am Frauenplan bewohnte. »In meinem neuen Hause breite ich mich aus und alles kommt in die schönste Ordnung«, berichtet er am 16. Juni dem Herzog. »Dabei rekapituliere ich mein Leben, vergleiche die Epochen und setze das charakteristische der Gegenwärtigen fest. Sie gewährt mir gute Hoffnungen und Aussichten. Wie viel mir die neue Einrichtung an Arbeit erleichtert, ist kaum zu sagen, ich kann in eben der Zeit und mit gleicher Mühe noch einmal so viel tun.« Wie diese neue Einrichtung in allen ihren Einzelheiten aussah, läßt sich kaum rekonstruieren. Welche Räume jeweils der Hauswirtschaft, der Arbeit, dem Schlafen, der Unterbringung von Bedienten und Gästen vorbehalten waren, ist nicht überliefert. Die Zimmer der ersten Etage werden – wie später, als das ganze Haus bezogen war – der Repräsentation und Gastlichkeit gedient haben. Der Platzbedarf für Sammlungen dürfte noch gering gewesen sein, obwohl für manche, später umfangreiche Kollektionen schon der erste Grundstein gelegt war; so lassen sich neben Kunstgegenständen bereits botanische und geologische Erwerbungen nachweisen.

Zu den Hausgenossen zählte seit Mai 1783 der elfjährige Fritz von Stein, der jüngste Sohn Charlottes. Er kehrte erst wieder in das Elternhaus zurück, nachdem Goethe im September 1786 von Karlsbad aus nach Italien aufgebrochen war.

Die Reise in den Süden, gleichermaßen Flucht vor den zunehmend als einengend empfundenen Weimarer Verhältnissen und Erfüllung einer bereits in Frankfurter Kindertagen durch den Vater geweckten Italiensehnsucht, wurde zu einer bedeutenden Periode im Leben Goethes. Das Bildungserlebnis hatte weitreichende Auswirkungen auf seine künstlerischen, ästhetischen und naturkundlichen Anschauungen, und Goethe bestimmte in dieser Zeit die Prioritäten seines eigenen zukünftigen Schaffens neu.

Während seiner Abwesenheit regelte Seidel, inzwischen Rentkammerkalkulator in herzoglichen Diensten, die Angelegenheiten Goethes vom Weimarer Frauenplan aus. Ein reger Briefwechsel zeugt von den zahlreichen Aufträgen, die ihm übergeben wurden, und auch von dem vertrauensvollen Verhältnis, das zwischen Herr und Diener bestand. Am 18. August 1787 schreibt Goethe aus Rom: »Vor jetzo ist mein Aufenthalt in Italien bis auf Ostern verlängert. Sieh was etwa in meinem Hauswesen sich rucken und legen läßt, ich überlasse alles deinem Gutdünken. 〈...〉 Sage mir sonst über eins und das andere deine Meinung, und bediene dich indes meines Hauses und des Meinigen zu deiner Notdurft und zu deinem Vergnügen.« Im Oktober 1787 erinnert Goethe an das ablaufende Mietverhältnis: »Wenn ich nicht sehr irre; so ist nächste Ostern meine Miete herum. Gehe nun gerade zum Rat Helmershausen grüße ihn von mir, und sage ihm: Im Fall (wie ich mich zu erinnern glaubte) Ostern 88 unsere Miete um sei, wünschte ich die Prolongation derselben vor der Hand noch auf 1 Jahr, bis ich wiederkäme, und die Sache weiter in Ordnung setzen könnte.«

Am 18. Juni des folgenden Jahres traf Goethe, reich an Erlebnissen und Eindrücken, wieder in Weimar ein. Nur wenige Wochen später trat ihm im Park die dreiundzwanzigjährige Christiane Vulpius (1765–1816) mit einem Bittbrief ihres Bruders entgegen, der die Notlage der Familie beklagte. Zwischen Goethe und dem ebenso hübschen wie natürlichen Mädchen entwickelte sich eine zunächst geheimgehaltene Liebe, die später, als er Christiane mit ihrer Schwester und der Tante zu sich ins Haus nahm, reichlich Stoff zu Gerücht und

Skizze Goethes für den Einbau des neuen Treppenhauses, Federzeichnung mit Tuschlavierung, 1792

Nachrede bot: eine offensichtlich dauerhaft angelegte, die Standesgrenzen mißachtende Liaison! Im November 1789 zog Goethe mit den Seinen vom Frauenplan in das heute nicht mehr existierende Jägerhaus in der Marienstraße. Hier wurde am 25. Dezember der Sohn August geboren – das einzige Kind aus der Verbindung mit Christiane Vulpius, das die ersten Säuglingswochen überlebte. In der Marienstraße wohnte die kleine Familie während der folgenden zweieinhalb Jahre.

Vom Herzog beauftragt, verhandelte im Frühjahr 1792 Christian Gottlob Voigt (1743–1819) mit Helmershausen über den Erwerb seines zum Verkauf stehenden Besitzes. Am 30. April 1792 konnte der Kaufkontrakt unterzeichnet werden. Die erforderlichen Gelder flossen aus der herzoglichen Schatulle. Das Haus war für Goethe bestimmt. Er sollte es mietfrei als standesgemäße, nach seinen eigenen Vorstellungen gestaltete Dienstwohnung bewohnen. Damit konnte er zum ersten Mal seine häusliche Umgebung auf lange Frist, ohne Rücksichten auf Vermieter und eingeschränkte räumliche Verhältnisse, nach praktischen und ästhetischen Bedürfnissen ordnen. Goethes eigener planerischer Anteil an den Vorbereitungen zur Einrichtung des Hauses am Frauenplan, das er nun als sein Haus betrachten konnte, dürfte erheblich gewesen sein, wovon nicht zuletzt die überlieferten eigenhändigen Skizzen des großzügig konzipierten Treppenhauses zeugen. Mit Ungeduld scheint Goethe dem bevorstehenden Umbau entgegengesehen zu haben. So drang er darauf, daß Helmershausen, dem die Nutzung der östlichen Zimmer bis Michaelis (29. September) zugesichert war, bereits vorher das Gartenhäuschen räumte, das er selbst »diesen Sommer zum Absteige Quartier werde nehmen müssen«. Wenig später (Ende April oder Anfang Mai) heißt es in einem weiteren Brief an Voigt: »Wenn Sie nichts zu erinnern finden, so wollte ich Morgen frühe in das Haus mit Meyern und dem Zimmermann gehn um einige Maße zu nehmen und das Local (nur des Schwarzischen Teils) ⟨der Konditor Wilhelm Schwarz hatte zu der Zeit, als Goethe in der Marienstraße wohnte, die westlichen Gebäudebereiche gemietet⟩ ins Auge zu fassen.«

Ergebnis einer solchen Inspektion vor Ort könnte der im Goethe- und Schiller-Archiv aufbewahrte Plan des Umbaus gewesen sein: »Was in dem neuen Hause an Reparaturen veranstaltet«. Aufgeführt werden Zimmerer-, Maurer-, Tüncher-, Steinhauer- und Tischlerarbeiten. Zum Plan gehörte offensichtlich eine Grundrißskizze, die nicht erhalten ist. Türen seien zu versetzen, Wände niederzureißen, ebenso die »Abtritte und was dem anhängig«, Öfen seien zu brechen oder neu in die Höhe zu bringen, Nischen zu brechen und Türen zu mauern. »Die neue Treppe« sei »nach dem Riß der Beschreibung und der Abrede zu fertigen und zu legen«.

Aus einem Mosaik überlieferter Zeugnisse sind wir heute recht gut über den Ablauf der Umbauarbeiten in den Jahren bis 1795 informiert. Vor allem Goethes Korrespondenz mit Johann Heinrich Meyer (1759–1832), Christiane Vulpius und gelegentlich mit Voigt gibt uns wichtige Hinweise; ebenso informativ sind die Handwerkerrechnungen dieser Zeit. Neben aufschlußreichen Aussagen über Einzelheiten gibt es aber auch Angaben, die sich nicht ohne weiteres entschlüsseln lassen, und manche Arbeiten sind nicht sicher zu lokalisieren.

Im Spätsommer 1792 mußte Goethe die Verantwortung für den weiteren Umbau Johann Heinrich Meyer übertragen. Er selbst erhielt den Auftrag, seinen Landesherrn im Feldzug gegen das revolutionäre Frankreich zu begleiten. Carl August führte dabei das unter preußischem Oberbefehl stehende Weimarer Kürassierregiment. Während seiner fast fünfmonatigen Abwesenheit erkundigte sich Goethe immer wieder nach dem Fortgang der Bauarbeiten in Weimar. »Ich denke immer an dich und den Kleinen und besuche dich im Hause und im Garten und denke mir schon wie hübsch alles sein wird wenn ich wieder komme«, heißt es in einem Brief vom 8. September 1792 an Christiane. »Wenn dieser Brief ankommt bist du vielleicht schon im vordern Quartier.« Christiane bewohnte also mit dem Sohn und ihren Verwandten die westlichen Räume des Hinterhauses, später Goethes Arbeitsbereich, und der baldige Umzug in die noch von Helmershausen bewohnten vorderen Zimmer war offenbar ohne vorherige Veränderungen möglich. In einem Brief an Meyer vom 28. August (vgl. S. 34) bezieht sich Goethe auf das für die Decke des Treppenhauses bestimmte Gemälde der Iris mit Regenbogen; am 29. September führt der Tischler Johann Gottlob Johler in seiner Abrechnung den dafür gefertigten ovalen Rahmen auf, für den er 2 Taler und 21 Groschen verlangt. Johler hatte auch »vor der Treppe zu den Eingang in den grünen ⟨heute gelben⟩ Saal, vor der Türe ein Brett mit eichen Fries angelegt benebst den Buchstaben SALVE und anderer Verziehrungen« und berechnet im August 1793 »vor Beize und Arbeit« 2 Taler.

Neben den Arbeiten am Haus wird auch für die Verbesserung der Ausstattung gesorgt. Gegenüber Meyer gibt Goethe am 15. Oktober 1792 zu bedenken: »Was unser Haus betrifft so wollt ich Sie bitten sobald Frost zu befürchten ist nichts weiter mit tapezieren und malen zu unternehmen. Wir wollen diesen Winter mit allem zufrieden sein.

Da die Tüncher so langsam gearbeitet haben wird wohl das Treppenhaus nicht ganz fertig werden, es hat aber nichts zu sagen.«

Mitte Dezember kehrte Goethe vom Kriegsschauplatz zurück und blieb bis zum 12. Mai 1793 in Weimar, um dann dem Herzog erneut ins Feldlager zu folgen, diesmal zur Belagerung der Stadt Mainz, in der nach französischem Vorbild die Republik ausgerufen worden war.

Im Hause schritt der Innenausbau voran, so daß Christiane im Mai 1793 berichten konnte: »Mit der Arbeit im Hause geht es sehr geschwinde, ich habe mich gewundert, wie ich ⟨von einem längeren Aufenthalt in Jena⟩ wiederkam, daß so viel fertig war.« Zwei Monate später dann: »Im Hause ist nun alles fertig, der Saal wird zu Ende jener Woche möbliert, die Stühle sind in der Arbeit«.

Auch Voigt bestätigt Goethe Anfang August, »daß bis auf wenige Mobilien« in seinem »Hause alles fertig« sei. Als Goethe bald darauf heimkam, dürften also alle wesentlichen Umbauten im Vorderhaus abgeschlossen gewesen sein. Ihr Ausmaß läßt sich beim Vergleich historischer Grundrisse mit den heutigen Gegebenheiten abschätzen. Eine undatierte Darstellung, die das Gartengrundstück mit einbezieht (Abb. S. 5), zeigt die ursprünglichen Verhältnisse des Parterres, die durch den Einbau der neuen raum- und lichtfordernden Treppe einschneidend verändert wurden. Bemerkenswert ist auch die Plazierung des Hofbrunnens, der ursprünglich nicht grottenartig in die Gebäudewand eingelassen war. Auf einem gleichfalls undatierten Riß des Baumeisters Johann Friedrich Rudolf Steiner (1742–1804) – vielleicht unter der Mitwirkung seines sich auf die Architektenlaufbahn vorbereitenden Sohnes Karl Friedrich Christian (1774–1840) entstanden –, der im Goethe-Nachlaß überliefert ist, werden Änderungen im Zuschnitt der ersten Etage vorgeschlagen. Dieser Vorschlag ist nie realisiert worden, die Grundrißskizze aber ist von Interesse, weil sie vom Zustand des Hauses vor dem Umbau ausgeht. Sie liefert damit ein deutliches Indiz dafür, daß die Hofüberbrückung tatsächlich eine durch Goethe veranlaßte Neuerung gewesen ist. Über den Zeitpunkt des Einbaus wurde lange kontrovers diskutiert, da Rechnungen und Briefe von 1793 nur Arbeiten an der Innenausstattung des Brückenzimmers, wie die Wölbung und das Tünchen der Decke, die Tätigkeit des Stukkateurs, das Einsetzen der Rolltür und die künstlerische Gestaltung der Decke durch den Maler Conrad Horny, belegen. Gleichzeitig wirft die Darstellung Steiners aber auch neue Fragen nach ursprünglichen Gegebenheiten und abgeleiteten Änderungsvorschlägen auf.

Im Frühjahr 1794 arbeitete man im hinteren Gebäude: »Ich habe in meinem Hinterhause einreißen lassen« (Goethe an Voigt, 28. April). Für einige Wochen konnte Goethe in die sonst von Meyer bewohnten Zimmer der Mansarde ausweichen, da sich der Freund in Dresden aufhielt.

Derweil die Malerarbeiten im Vorderhaus ins Stocken gerieten, waren »die kleinen hinteren Zimmer ⟨...⟩ auf gutem Wege bald wohnbar zu werden«. Die baulichen Änderungen dürften vor allem den Bereich des Vorzimmers und der Bibliothek betroffen haben (vgl. S. 114). Nach dem Inventarium von Helmershausen nahm der hintere Flur vormals die gesamte Breite der Hofüberbrückung ein, d. h. die Fläche des heutigen Vorzimmers und einen Teil der Bibliothek, und hatte außer den auf den großen Innenhof weisenden Fenstern noch zwei weitere an der westlichen Stirnwand. Neben dem Arbeitszimmer befanden sich zwei Kammern, wovon eine als Garderobe zu nutzen war. Den Bedürfnissen des neuen Hausherrn mußten demnach die Kammerwände weichen, weiter wurde ein Stück des alten Flures abgeteilt und der neuen Bibliothek zugeschlagen. Die bogenartige Holzverkleidung der Balken und Mauerreste, die diesen Raum in zwei Teile gliedert, markiert noch heute den ursprünglichen Wandverlauf.

Im August sind bereits Tischler und Tapezierer am Werk, und am 15. September kann Goethe seinem Freund nach Dresden schreiben: »seitdem ich in meinen kleinen Stuben bin arbeite ich fleißig an allerlei.« Nach verfeinernden Arbeiten der Stukkateure, Maler und Tischler im Verlaufe des Jahres 1795 waren die grundrißverändernden Umbauten der westlichen Räume von Vorder- und Hinterhaus und die Renovierung abgeschlossen.

Das heißt freilich nicht, daß im Hause nichts mehr verändert worden wäre. Wechselnde Bedürfnisse des Hausherrn und der Familie schlugen sich auch in der Nutzung und Ausstattung der Räume nieder. Das Mobiliar mußte für die beständig anwachsenden Sammlungen ergänzt werden, die Farbgebung wechselte und wurde dabei zunehmend durch Goethes Beschäftigung mit der Farbenlehre beeinflußt, auch die Ausstattung der Räume mit Bildern und plastischen Kunstwerken unterlag einem vielfachen Wandel. Im großen und ganzen aber stand fest, welche funktionellen Anforderungen künftig an das Haus gestellt wurden. Da gab es jene Bereiche, die der Repräsentation und Geselligkeit vorbehalten waren: der Saal, das Juno- oder Musikzimmer und das Urbinozimmer (die Räume werden hier in der heute üblichen Weise benannt, die von der Nutzung in

Goethes Zeit abgeleitet ist und mitunter schon von ihm selbst herrührt). In den Arbeitsräumen im Hinterhaus widmete sich Goethe den Dienstgeschäften und seiner künstlerischen und wissenschaftlichen Tätigkeit.

Wir haben Belege dafür, daß Goethe im Laufe der Jahre immer wieder seine Akten- und Archivordnung revidierte. So transportierte z.B. der Sekretär Friedrich Theodor Kräuter (1790–1856) im Mai 1824 das »literarische Archiv in das gewölbte Zimmer«. Das Umräumen könnte im Zusammenhang mit den seit 1822 betriebenen Bemühungen um die *Ausgabe letzter Hand* gestanden haben. Manuskripte aller Art, Notizen und Ausarbeitungen, seine Korrespondenz und nicht zuletzt das für die postume Veröffentlichung vorgesehene Manuskript des zweiten Teils des *Faust*, das in einem neogotischen Pappelholzschrank verschlossen aufbewahrt wurde (vgl. S. 132), fanden die Erben nach Goethes Tod geordnet in den zahlreichen dafür bestimmten Fächern und Schubkästen der Möbel des Arbeitszimmers vor. Zunehmend beanspruchten die Sammlungen Raum, die in eigens dafür angefertigten Möbeln im ganzen Hause verteilt waren. Ausgesprochene Sammlungszimmer sind wahrscheinlich erst nach Christianes Tod entstanden. Das gilt mit Sicherheit für das Schlafzimmer, in dem die Majolikasammlung ihren Platz fand. Vorher dienten die östlichen Räume des Vorderhauses wohl eher privaten Wohnzwecken. Die Mahlzeiten im engeren Familienkreis wurden z.B. im kleinen Eßzimmer eingenommen. Wilhelm von Humboldt berichtete seiner Frau in einem Brief vom 7. Dezember 1808, daß er eine von Goethes »sogenannten Putzstuben im ersten Stock« bewohnt habe. Diese Bemerkung könnte sich auf das Deckenzimmer beziehen, das zu den gut beheizbaren Räumen des Hauses gehörte und damit dem bevorzugten Gast einen angenehmen Aufenthalt garantierte.

Zu den Wirtschaftsräumen gehörten die Küche im Parterre, Keller sowie Stallungen und Nebengelasse auf der Hofseite des Hinterhauses. Goethe, der in seinen Tagebüchern die Besuche, geselligen Veranstaltungen oder die Gäste der Mittagstafel festzuhalten pflegte, äußerte sich selten über Angelegenheiten des häuslichen Geschehens, deren Regelung in der Hand seiner Frau lag. So sind wir über die Alltäglichkeiten nur lückenhaft unterrichtet.

Zeitweilige Hausgenossen, wie Johann Heinrich Meyer, Friedrich Wilhelm Riemer (1774–1845), vielleicht auch Caroline Ulrich (1790–1855), wohnten in der Mansarde, wo sich außerdem Gästezimmer und die Wohnstube des Sohnes August befanden. 1817 tünchte der Maler und Vergolder Wahnes in der »hintern Etage« eine Decke in

der Stube der Köchin – einer der seltenen Hinweise auf das im Hause wohnende Personal. In der vorderen Mansarde gab es ebenfalls eine Domestikenstube.

Zwei Entwurfszeichnungen des Architekten Johann Friedrich Rudolf Steiner belegen, neben Kostenvoranschlägen und einem vom Bauinspektor Georg Christoph Steffany (1749-1807) erarbeiteten »Zusammentrag« aller eingeplanten Kosten vom 6. Mai 1802 über 1325 Taler, daß Goethe die Fassade seines Hauses grundlegend verändern wollte. Geplant waren der italienischen Renaissance entlehnte Schmuckelemente, wie die Rustikaquadrierung des Erdgeschosses, schwere Ädikularrahmungen mit gliedernden ornamentierten Putzblenden darüber und ein kräftiges durchlaufendes Horizontalgesims, was darauf hinweist, daß Goethe auch mit der Außenansicht des Hauses seine klassizistische Kunstauffassung demonstrieren wollte. Weshalb der Plan nicht ausgeführt wurde, ließ sich bisher nicht ermitteln.

Am 14. Oktober 1806, als die bei Jena und Auerstedt über Preußen siegreichen napoleonischen Truppen plündernd und brandschatzend durch Weimar zogen, mußte Goethe ernsthaft um Haus und Hof bangen. Durch ihr beherztes Auftreten konnte Christiane Vulpius das drohende Unheil abwenden. Die Dramatik der Situation spiegeln selbst die sachlichen Tagebuchaufzeichnungen Goethes: »Früh Kanonade bei Jena, darauf Schlacht bei Kötschau. Deroute der Preußen. Abends um 5 Uhr flogen die Kanonenkugeln durch die Dächer. Um 1/2 6 Einzug der Chasseurs. 7 Uhr Brand, Plünderung, schreckliche Nacht. Erhaltung unseres Hauses durch Standhaftigkeit und Glück.«

Johann Friedrich Rudolf Steiner: Aufrißzeichnungen der Fassade des Goethehauses und ihrer geplanten Änderung, 1802

Die Freunde benachrichtigte Goethe in den folgenden Tagen: »Wir leben! unser Haus blieb von Plünderung und Brand, wie durch ein Wunder verschont. Die regierende Herzogin hat mit uns die schröcklichsten Stunden verlebt, ihr verdanken wir einige Hoffnung des Heils für künftig, so wie für jetzt die Erhaltung des Schlosses. Der Kaiser ⟨Napoleon⟩ ist angekommen am 15. Octbr. 1806.« Nur Nicolaus Meyer wurde über diesen Standardtext hinaus noch Persönliches mitgeteilt: »Um diese traurigen Tage durch eine Festlichkeit zu erheitern, habe ich und meine kleine Hausfreundin gestern, als am 20. Sonntag nach Trinitatis ⟨19. Oktober⟩ den Entschluß gefaßt, in den Stand der heiligen Ehe ganz förmlich einzutreten; mit welcher Notifikation ich Sie ersuche, uns von Butter und sonstigen transportabeln Viktualien manches zukommen zu lassen.« Die dünkelhafte Ablehnung sollte auf der nun formal geschlossenen Ehe weiterhin lasten, wie schon vorher auf der nicht legalisierten Verbindung.

Die Ehe endete mit Christianes Tod am 6. Juni 1816. »Nahes Ende meiner Frau. Letzter fürchterlicher Kampf ihrer Natur. Sie verschied gegen Mittag. Leere und Totenstille in und außer mir«, liest man unter diesem Datum im Tagebuch. Bereits Ende Juni ließ Goethe Änderungen im Hause vornehmen. Die Wand zu den neuen Haushaltungszimmern wurde durchgebrochen. Es scheint sich dabei um den Einbau einer neuen Verbindungstür zwischen dem Gartenzimmer und den sogenannten Christianezimmern gehandelt zu haben. Auf einer Grundrißskizze des Hauses von der Hand Carl Friedrich Zelters (1758–1832), die um 1814 entstanden sein muß, fehlt dieser Durchgang noch. Goethe bereitete damit jene Änderungen vor, die für die bessere, zusammenhängende Unterbringung seiner Sammlungen gedacht waren. Noch im Laufe desselben Jahres 1816 bahnte sich die Eheschließung August von Goethes mit Ottilie von Pogwisch (1796–1872) an; die Trauung fand am 17. Juni 1817 statt. Für das junge Paar wurden die Zimmer in der Mansarde hergerichtet. Öfen wurden erneuert, Türen angefertigt oder aufgearbeitet, Fußböden und Friese abgezogen und gebeizt, Möbel neu gestrichen, Tapeten geklebt und Zimmer getüncht. Veränderungen am Bau scheint man nicht vorgenommen zu haben. Nach der Renovierung hatte August von Goethe eine durchaus geräumige Wohnung für sich und seine Familie zur Verfügung: Nach Norden zum Frauenplan waren es acht, nach Süden mit Fenstern zum Hof fünf Räume unterschiedlicher Größe, davon mehrere Durchgangszimmer und vorsaalartige Gänge.

In den folgenden Jahren wurden Goethes Enkel Walther Wolfgang (1818–1885) und Wolfgang Maximilian (1820-1883) geboren, 1827 die Enkelin Alma (gest. 1844). Das Haus belebte sich wieder, nicht nur durch die Enkelkinder, sondern auch durch die zahlreichen Gesellschaften, die die Schwiegertochter Ottilie gab.

1830 hatte der greise Goethe den frühen Tod seines Sohnes hinzunehmen, der während einer Italienreise am 27. August in Rom an den Folgen eines Fiebers gestorben war. Goethe mußte deshalb seine Nachlaßangelegenheiten neu regeln. Ein erstes Testament von 1797 hatte den zu dieser Zeit noch nicht legitimierten Sohn zum Universalerben bestimmt. Mit dem neuen Testament vom 6. Januar 1831 setzte Goethe nun seine drei unmündigen Enkel an die Stelle ihres Vaters. Danach erhielten sie das Wohnhaus und die Gärten, die bis zu ihrer Volljährigkeit gemeinschaftlich besessen und nicht veräußert werden sollten. Sämtliche Sammlungen, inzwischen auf mehr als 56 000 kunst- und naturwissenschaftliche Objekte angewachsen, waren gegen eine »billige Kapitalsumme oder Rente« »an eine öffentliche Anstalt« zu veräußern. Friedrich Theodor Kräuter hatte bis dahin die Kustodie über Sammlungen und Bibliothek zu übernehmen. Auch für den Unterhalt der Schwiegertochter, die »freie Wohnung und Gartengenuß« erhielt, wurde mit einer jährlichen Rente von 500 Talern gesorgt. Außerdem sollte ihr »Alimentations- und Erziehungsgeld« für die Kinder zugeteilt werden. Mit Goethes Tod am 22. März 1832 trat dieses Vermächtnis in Kraft.

Aus dem Umgang des Testamentsvollstreckers Kanzler Friedrich von Müller mit Goethes Nachlaß und später der erwachsenen Enkel resultierten jene Verhältnisse, die das weitere Schicksal des Goethehauses und der Sammlungen bestimmten. Wurden zunächst noch gelegentlich Fremde durch die Wohnräume Goethes geführt, so erwirkten die Enkel 1840 einen Regierungserlaß, der jede Besichtigung untersagte. Wiederholt bemühte sich der Deutsche Bund um den Kauf des Goetheschen Besitzes. Im Auftrag der Enkel erstellte dazu Christian Schuchardt (1799–1870), dem Goethe in seinen letzten Lebensjahren vielfach Sekretärsaufgaben übertragen hatte, einen Katalog. Das dreiteilige Werk erschien 1848/49. Sein erster Teil verzeichnet die Werke der Malerei und Graphik, der zweite die plastische Kunst und der dritte die naturwissenschaftlichen Sammlungen. Zu dem Verkauf ist es dann wegen der Unentschlossenheit der Enkel nicht gekommen. Als Walther von Goethe am 15. April 1885 starb, war das Goethehaus nach dem Wunsche der Familie der Öffentlichkeit 45 Jahre versperrt geblieben. Um so größer war das Erstaunen, als mit der Testamentseröffnung deutlich wurde, daß der letzte Goetheenkel das gesamte großväterliche Erbe in öffentliche Hände gab. Die Sammlungen und der Immobiliarbesitz wurden dem Großherzogtum Sachsen-Weimar-Eisenach bestimmt, das literarische Archiv, seine Bewahrung und wissenschaftliche Erschließung wurden der Großherzogin Sophie anvertraut. Felix Vulpius und Leo Graf Henckel von Donnersmarck, die Intestaterben, stifteten die auf sie gekommenen Gegenstände des Goethe-Nachlasses zu großen Teilen ebenfalls dem Weimarer Staat.

Mit dem Auftrag zur Bewahrung dieses Erbes wurde am 8. August 1885 das Goethe-Nationalmuseum gegründet. Nach ersten baulichen Sanierungsmaßnahmen konnten am 3. Juli 1886 die Räume des Vorderhauses eröffnet werden. Knapp ein Jahr später, am 24. Mai 1887, waren auch die eigentlichen Wohn- und Arbeitsräume Goethes dem Publikum wieder zugänglich. Zur würdigen Präsentation der Sammlungen wurde in den Jahren 1913/14 ein Museumsgebäude errichtet, das man durch einen 1935 fertiggestellten Erweiterungsbau ergänzte.

Schwer beschädigt wurde das Goethehaus durch einen Bombentreffer gegen Ende des Zweiten Weltkrieges im Februar 1945. Erst nach umfangreichen Rekonstruktionsarbeiten konnte das Haus 1949 wieder eröffnet werden.

Seitdem bietet die Nachbarschaft von Goethehaus und Museum wieder die Möglichkeit, Leben und Werk des Dichters einem weiten Besucherkreis nahezubringen, wobei das historische Wohnhaus das persönliche Lebensmilieu Goethes zeigt, das in seinen Arbeitszimmern unverändert erhalten geblieben ist. In den übrigen Räumen konnte durch die Auswertung historischer Quellen weitgehend der Zustand in Goethes letzten Lebensjahren rekonstruiert werden.

Goethe wurde berühmt als Autor von Gedichten, Dramen und Romanen, aber er schrieb auch eine Farbenlehre, Aufsätze zur Botanik, zur Zoologie, zur Geologie, zur Kunstgeschichte und zu anderen Gebieten. Im Alter gab er die kunstwissenschaftliche Zeitschrift *Über Kunst und Altertum* und zwei naturwissenschaftliche Zeitschriften heraus, *Zur Morphologie* und *Zur Naturwissenschaft überhaupt*. Er war der Meinung, daß sein genauer Blick auf die Natur ihm dienlich sei, um als Dichter die Welt so darzustellen, daß die Leser seine Werke brauchen konnten. Nun gab es aber in Weimar keine naturwissenschaftlichen Institute. Goethe baute sie sich selbst auf, deswegen seine Sammlungen zu diesen Gebieten. Er wollte außerdem einen Überblick über die Geschichte der Kultur haben, nicht nur die Bücher der Philosophen und Dichter, sondern auch Zeugnisse von dem Schaffen der Künstler. Hier mußte man sich mit Reproduktionsstichen von Gemälden begnügen, die einzeln zu kaufen waren, mit Gipsabgüssen von plastischen Werken oder mit Kopien von Gemälden, die aber in guter Qualität schwer zu haben waren. Wenn man Originale erwerben wollte, mußte man an Medaillen oder Münzen denken. Die Exemplare, die in die Hände deutscher Sammler gelangten, kamen meist aus Italien.

Von den Sammlungen Goethes bekamen die Besucher des Hauses etliche Gipsabgüsse zu sehen, mehrere Gemälde und gerahmte Graphiken und einiges von der Majolikasammlung. Es war nicht möglich, etwas von der Medaillensammlung zu zeigen, ebenso mußten die Handschriftensammlung mit Autographen von Kopernikus, Hamann, Kant, Beethoven, Fichte, Hegel, Kleist, Napoleon und vielen anderen sowie die Kupferstichsammlung in ihren Schränken bleiben. Doch das, was man in den Räumen sehen konnte, war schon sehr reichhaltig.

Der Betrachter sieht in den Räumen des Vorderhauses sehr Verschiedenes: Abgüsse antiker Werke, ein spätmittelalterliches Gemälde, ein Porträt von Cranach und dann Gemälde und Kupferstiche bis zu Goethes Zeit. Goethe kannte jedes dieser Werke gut und sah es in seinem geschichtlichen Zusammenhang. Es gibt dazu viele schriftliche Äußerungen in seinen Werken, Tagebüchern und Briefen. Ein Führer durch das Goethehaus kann unmöglich alle diese Stellen zitieren. Um aber zu zeigen, daß auf Grund jener Quellen sich zu den meisten der Werke eine kleine Geschichte erzählen läßt, seien im folgenden drei Kunstwerke näher betrachtet, ein antikes, eins aus der Renaissance und eins aus Goethes eigener Zeit, nicht herausragende wie die Juno Ludovisi, sondern Werke, die weniger ins Auge fallen.

Blick vom Großen Sammlungszimmer durch die Räume des Vorderhauses

Hinter den Glasscheiben des Schranks, der im Großen Sammlungszimmer steht, sieht man einen kleinen Stier aus Bronze. Es lag Goethe sehr daran, ein echtes antikes Werk zu besitzen. Bei Großplastik war das nicht möglich, wohl aber bei Kleinplastik, da war im Laufe der Zeit manches aus Italien nach Deutschland gekommen. Den Stier erhielt Goethe 1810 über Karl Ludwig von Knebel. Goethe bemerkte, daß auf dem Rücken der Plastik eine Vertiefung war, die dazu gedient hatte, eine Figur zu befestigen. Er folgerte: Auf dem

Stier saß Europa, der Stier ist also Jupiter, deswegen der besondere Charakter, das »Majestätische und Pferdehafte« des Tieres (an Knebel, 12. Juni 1810). Und er vermutete: »Das Urbild dieses Stiers ist aus der besten Zeit der Kunst« (an Knebel, 10. Juli 1810). Goethe versuchte, aus der Kleinplastik auf die als Muster zugrunde liegende Großplastik zu schließen. Um solche Schlüsse zu wagen, war es günstig, mehrere Exemplare zu kennen. Als Goethe im Februar 1811 über Zelter eine ähnliche Figur aus dem Besitz des Berliner Sammlers David Friedlaender angeboten wurde, griff er sofort zu und sandte als Gegengabe eine Anzahl von Exemplaren aus seiner Medaillensammlung. An Zelter schrieb er, wie sehr er sich über dieses neue Stück in seiner Sammlung freue, weil »durch Vergleichung unser Urteil am besten geschärft wird« (14. März 1811). Friedlaender sandte er einen ausführlichen Brief (18. März 1811), in dem er darlegte, es sei nach seiner Vermutung ein antikes Werk, das sehr verstümmelt im 16. Jahrhundert aufgefunden und von einem damaligen Bildhauer ergänzt worden sei. Wer den rechten Blick dafür habe, könne die Form des antiken Urbilds darin erkennen. Wenn Goethe also in seinem Glasschrank den Bronzestier sah, dann sah er zugleich in Gedanken ein antikes, in den Grundformen ähnliches, in der Ausführung noch schöneres Werk mit der Figur der Europa.

Im Junozimmer steht auf dem Schrank neben dem linken Fenster eine kleine Nachbildung von Michelangelos Moses-Statue. Goethe hatte das Original in Rom in der Kirche San Pietro in Vincoli gesehen. Während es zahlreiche Gipsabgüsse nach antiken Werken gab, wurden Plastiken der Renaissance fast nie nachgeformt. Dazu war diese überlebensgroße Statue auch zu groß. Goethe entdeckte die kleine Nachbildung 1812 in Teplitz. Im Tagebuch heißt es unter dem 22. Juli: »Bei dem Antiquar 〈...〉 Moses gekauft.« An Christiane schreibt er am 27. Juli: »Grüße Hofr. Meyer schönstens und sage ihm: ich habe eine Nachbildung des Moses von Michelangelo in Bronze gekauft, die sehr schön und wahrscheinlich aus dem 16ten Jahrhundert ist. Wie er sitzt ist die Figur 13 Weimarische Zoll hoch. Also eine schöne Größe. Das Nackte ist wohl verstanden. Bart und Gewänder von der größten Ausführung.« Meyer antwortete: »Die Bronzefigur wird eine Arbeit jener florentinischen Künstler aus der Schule des Giovanni da Bologna sein, die sich vornehmlich mit dergleichen kleinen Nachbildungen berühmter Werke großer Künstler beschäftigten und hierin große Kunst und musterhafte Technik besaßen« (29. Juli 1812). Daraufhin schrieb ihm Goethe: »Die Nachbildung deutet auf einen großen Respekt fürs Original und zugleich auf die Absicht, die Kopie zu einem selbständigen Werke zu machen. Dem Künstler derselben hat es nicht an Sinn und Gefühl für die Großheit des Marmorbildes gefehlt« (14. August 1812). Mit diesem letzten Satz kommt Goethe auf sein allgemeines Bild von Michelangelo. In der *Italienischen Reise* heißt es: »Die innere Sicherheit und Männlichkeit des Meisters, seine Großheit geht über allen Ausdruck« (22. November 1786). Als Goethe im Alter einen Aufsatz *Christus nebst zwölf alt- und neutestamentlichen Figuren den Bildhauern vorgeschlagen* schrieb, sagte er über Moses: »Diesen Heroen kann ich mir nicht anders als sitzend denken ⟨...⟩. Wahrscheinlich hat die überkräftige Statue des Michel Angelo ⟨...⟩ sich meiner Einbildungskraft dergestalt bemächtigt daß ich nicht von ihr loskommen kann«. Goethe zeigte die Statuette gern seinen Besuchern, wie Louise Seidler schreibt und wie auch aus seinen Tagebüchern hervorgeht. Nach dem Besuch des französischen Gesandten Baron Saint Aignan liest man dazu im Tagebuch am 4. Oktober 1812: »Um 11 Uhr Herr von St. Aignan ⟨...⟩. Moses. Gemälde und Kupferstiche der größern Zimmer, geschnittene Steine besehn.« Für Goethe war Michelangelo einer der größten Künstler, die es je gegeben hatte. Er hatte stärkste Eindrücke von ihm in Rom empfangen. Wie aber ließen sich diese in Weimar lebendig halten? Wer sich heute die Moses-Statue in Rom vergegenwärtigen will, nimmt ein Buch über Michelangelo zur Hand und findet gute Abbildungen. Nichts dieser Art gab es zu Goethes Zeit. Deswegen war der Besitz einer kleinen guten Kopie etwas ganz Besonderes. Goethe war glücklich, diese Nachbildung gefunden zu haben, und vermerkte darum den Kauf ausdrücklich in seinen *Tag- und Jahres-Heften* zu 1812.

Im Kleinen Eßzimmer hängt das Gemälde »Das Brockenhaus im Morgenlicht« von Carl Gustav Carus. Goethe bekam es 1820 von Carus geschenkt, zusammen mit dem Gemälde »Tannenwald«, das im Großen Sammlungszimmer zu sehen ist. Das Bild erinnerte Goethe an seine Besteigungen des Brockens in den Jahren 1777, 1783 und 1784. Mehr aber noch ließ es ihn an die Persönlichkeit von Carus denken. Dieser war ein bedeutender Naturwissenschaftler, zugleich Kunstschriftsteller, Musikkritiker, Philosoph, und dann arbeitete er nebenher noch als Maler. Goethe dachte dabei an seine eigene Tätigkeit als Dichter, Naturforscher, Theaterleiter, Kunstkritiker, Weimarer Beamter und Zeichner. In einem Brief an Goethe vom 18. Oktober 1823 spricht Carus sehr nachdenklich darüber, ob man so Verschiedenes betreiben dürfe und ob eins dem andern schädlich oder förderlich sei. Wie oft hatte Goethe ähnliche Fragen sich selbst gestellt. Er schätzte Carus als Naturwissenschaftler sehr. Als dieser 1828 sein Buch »Von den Ur-Teilen des Knochen- und Schalengerüsts« der Tiere schickte, schrieb Goethe in seinem Antwortbrief, daß damit »ein so großes und unglaubliches Geschäft wirklich getan sei« und daß für ihn, der sich viel mit Knochenbau beschäftigt habe, »seine Sehnsucht verwirklicht und sein Hoffen über allen Wunsch erfüllt worden« sei (8. Juni 1828). Goethe bestärkte Carus aber auch darin, weiter zu malen. Seine Bilder, schrieb er ihm, »deuten auf ein zartes gefühlvolles Gemüt, das in sich selbst einen wahren haltbaren Grund gefunden hat. 〈...〉 Wenn ich nun von der andern Seite betrachte, wie tief und gründlich Sie das organische Gebild erfassen, wie scharf und genau Sie es charakteristisch darstellen, so ist es wirklich als ein Wunder anzusehen, daß Sie bei solcher Objektivität so gewandt sich zeigen in demjenigen, was dem Subjekt allein anzugehören scheint« (20. April 1822). Goethes Rat war richtig. Heute hängen Bilder von Carus in mehreren großen deutschen Museen. Die Frage nach der Begabung und Leistung des Vielseitigen bewegte Goethe also auch, wenn er das kleine Gemälde von Carus sah. Es zeigt den Berggipfel mit Steinen und zwei Gebäuden, vor allem aber den Himmel mit Gewölk im Morgenlicht. Der Betrachter empfindet die Höhe, es fehlt aber der Blick in die Berglandschaft. Das, was man sieht, regt gerade durch seine Kargheit an, es intensiv zu sehen und darüber hinauszudenken, ähnlich wie manche Goetheschen Gedichte lapidare Aussagen sind und darüber hinaus dem Leser manches offenlassen.

Goethes Haus umfaßt eine Fülle von Werken, von der altägyptischen kleinen Isis-Plastik bis zu den Ölgemälden aus seiner Gegenwart, und die schriftlichen Quellen geben uns einen Einblick, warum sie ihm wichtig waren. Er zeigte sie gern seinen Besuchern und schrieb in *Dichtung und Wahrheit*: »Ich habe mich gewöhnt, beim Vorzeigen meiner Sammlungen der Personen zu gedenken, durch deren Vermittelung ich das einzelne erhielt 〈...〉. Das, was uns umgibt, erhält dadurch ein Leben, wir sehen es in geistiger, liebevoller, genetischer Verknüpfung« (10. Buch). Als er im Jahre 1830 mit dem Kanzler von Müller, der Jurist war, sein Testament formulierte, empfahl er, die Sammlungen nicht auseinanderzureißen, und sagte: »Ich habe nicht nach Laune oder Willkür, sondern jedesmal mit Plan und Absicht zu meiner eigenen folgerechten Bildung gesammelt und an jedem Stück meines Besitzes etwas gelernt.« Er, der als Dichter in einem lyrischen

Treppenhaus mit Aufgang zur Mansarde

Kurzgedicht ein Erlebnis aufs knappste anzudeuten vermochte, ganz dem Geiste der Kunst folgend, konnte als Sammler die Einzelstücke sorgfältig sortieren und den historischen oder naturkundlichen Zusammenhängen nachgehen. Wie seine Literaturkenntnis von Homer bis zu Lord Byron reichte, so seine Kunstkenntnis von den Griechen bis zur Gegenwart. Geht man durch die Zimmer des Hauses am Frauenplan, sieht man viele Beispiele dafür. Betritt man aber das Hinterhaus mit dem Arbeitszimmer und dem Schlafzimmer, kommt man in Räume ganz anderer Art: in Goethes Arbeitswelt, die in ihrer schmucklosen Kargheit gleichsam sinnbildlich dafür ist, daß hinter jener Fülle und ihrer geschmackvollen Ordnung immer der eine Mensch stand mit seinem weitblickenden, harmonisch verbindenden Geiste.

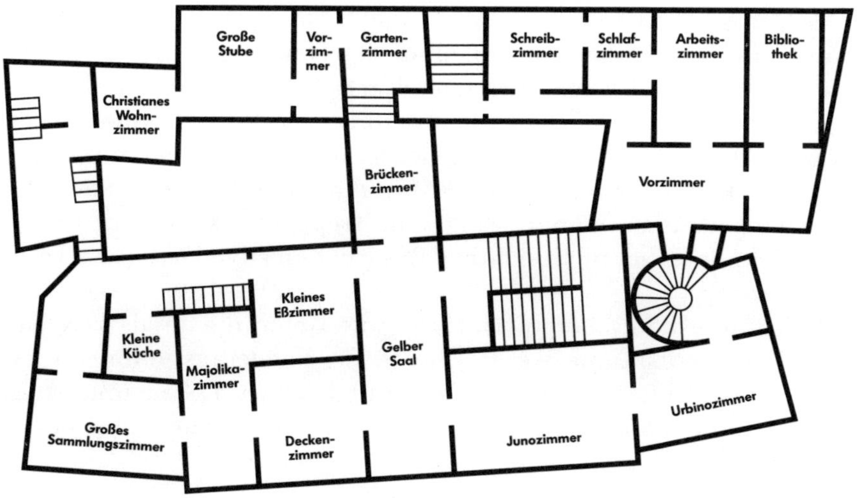

Zur Benutzung

Der Wegweiser ist dem empfohlenen Rundgang entsprechend nach Räumen gegliedert. Raumskizzen ermöglichen eine rasche Orientierung. Die Sammlungsstücke sind dort mit Nummern bezeichnet und werden im Text unter der entsprechenden Ziffer beschrieben. Beginnend an der Wand, durch deren Tür der Raum betreten wird, erfolgt die Numerierung im Uhrzeigersinn.

Der heutige Besucher wird zu den Gesellschafts-, Wohn- und Arbeitsräumen Goethes über den Innenhof des Hauses geleitet. Er betritt das Vorderhaus von der Rückseite, durch den Eingang, der ehemals von den Gästen benutzt wurde, die mit einer Kutsche vorgefahren waren. Der in zwei Räume unterteilte, mit Steinplatten ausgelegte Flur trennte den Wirtschaftstrakt mit der Hauptküche und den Bedientenstuben von dem Zugang zum Treppenhaus ab. Hier finden sich, dem Besucher nicht sichtbar, Reste der einstigen barocken Treppenführung.

Der hinter dem Hauptportal gelegene Raum diente als Vestibül. Die Wirtschaftsräume werden heute für Sonderausstellungen genutzt, deren Themen zumeist eng mit Goethes Leben und Werk in Zusammenhang stehen. Durch die Glastür gelangt man in das Treppenhaus.

Treppenhaus mit Ildefonso-Gruppe und dem Deckengemälde der Iris

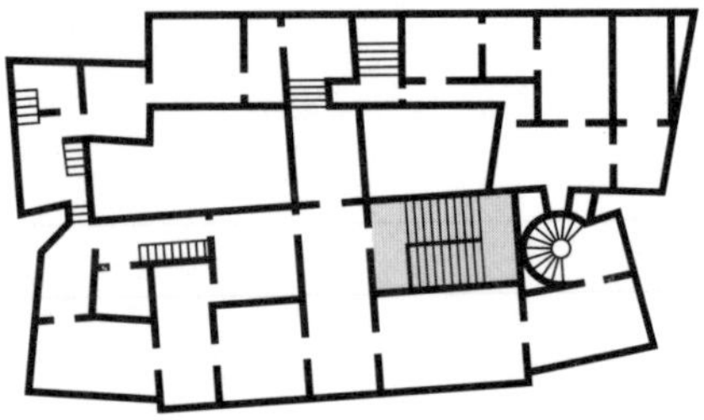

Im Jahre 1792 wurde das Treppenhaus nach Entwürfen Goethes umgebaut, die sich an Vorbildern italienischer Renaissancebaukunst orientierten (Abb. S. 10). Während der Abwesenheit des Hausherrn, der von August bis Dezember 1792 Herzog Carl August auf dem Feldzug gegen das revolutionäre Frankreich begleitete, beaufsichtigte Johann Heinrich Meyer die Bauarbeiten.

Dem Schweizer Künstler und Kunstgelehrten war Goethe 1786 in Rom begegnet. In der Folge entwickelte sich zwischen beiden eine lebenslange Freundschaft. Auf Goethes Betreiben übersiedelte Meyer 1791 nach Weimar. Bis zu seiner Heirat 1802 wohnte er als Hausgenosse des Dichters in der Mansarde. Für die Zeitgenossen war der an der Weimarer Freien Zeichenschule unterrichtende Professor – später wurde er deren Direktor – vor allem der »Kunstberater« Goethes.

Die Handwerkerarbeiten führten Maurer, Steinhauer, Tischler, Tüncher und Maler aus. In den Briefen der Monate September und Oktober 1792 beklagt sich Goethe bei Meyer wiederholt über den »sachten Gang« der Arbeiten und bezeichnet die im Treppenhaus tätigen Maler einmal sogar als »schmutzige Schnecken«. Da die Handwerker gleichzeitig beim Bau des Römischen Hauses und beim Wiederaufbau des Schlosses beschäftigt waren, konnte der Umbau nicht in dem von Goethe gewünschten Tempo voranschreiten.

Es sollte noch geraume Zeit vergehen, bis das Ensemble seine endgültige Form erhalten hatte. Eine Rechnung des Dresdener Stukkateurs Johann August Käseberg belegt, daß die nach Goethes brieflicher Mitteilung vom 7. Juli 1794 an Meyer von dem Architekten Christian Friedrich Schuricht geäußerte Idee, die oberen Wandflächen mit einem Triglyphenfries abzuschließen, erst im Juni/Juli 1795 in die Tat umgesetzt wurde.

Der Treppenlauf führt mit gemächlicher Steigung vom Erdgeschoß bis zu einem ersten Podest, von dem sich der Blick in den zweiten, nach der Hofseite gelegenen Teil des Treppenhauses öffnet. Über zwei gegenläufige Treppenzüge wird das Obergeschoß erreicht. Auf dem zweiten Podest erblickt man zwei Schiebetüren; hinter der linken Tür befindet sich eine ebenfalls von Goethe entworfene Wendeltreppe, die einen bequemen Zugang zum Mansardengeschoß ermöglicht.

Vom dritten Podest tritt man in die Gesellschafts- und Wohnräume ein. Der Besucher wird nach römischer Sitte mit einem auf der Schwelle eingeschriebenen »Salve« begrüßt. Schaut man von hier in den Treppenraum zurück, kann man die vielbeachtete innenarchitektonische Schöpfung Goethes auf sich wirken lassen. Seine

Idealvorstellung, ästhetische Schönheit und praktischen Wert in einem architektonischen Ensemble miteinander zu vereinen, hat in der Willkommen bietenden Treppenanlage eine gelungene Form gefunden.

Die in einem programmatischen, dem Klassizismus verpflichteten Kontext aufgestellten Kunstwerke vermitteln die Ideale griechisch-römischer Bildhauerkunst und sollten nicht zuletzt die Erinnerung an das Italienerlebnis Goethes wachhalten. Der Dichter Jean Paul schrieb am 18. Juni 1797 nach dem Besuch bei Goethe: »Sein Haus frappiert: es ist das einzige in Weimar im italienischen Geschmack, mit solcher Treppe.«

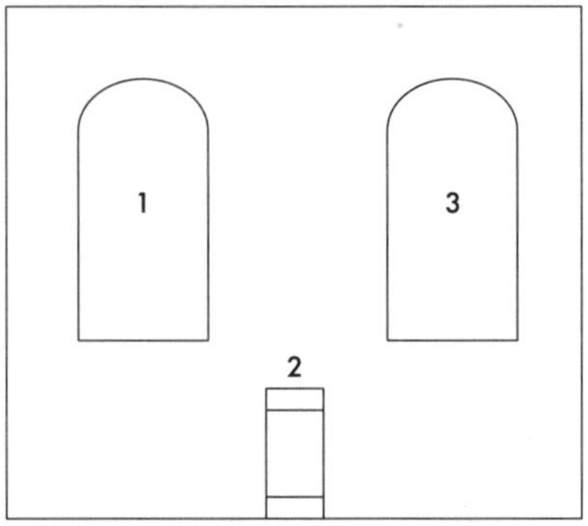

1 Nach griechischem Original: Statue des Betenden Knaben. Gipsabguß mit Graphitüberzug. Original Ende 4. Jh. v. Chr.

Der Betende Knabe gehörte, wie auch das Standbild des Satyrs mit dem Böckchen, zu den Antikenkopien, die der von Goethe geförderte weimarische Hofbildhauer Martin Gottlieb Klauer in seiner Kunstfabrik anfertigte und vertrieb. In seinem Angebotskatalog ist sie unter Nr. 1 als »Ganymed. Antik. 4 Fuß, 3 Zoll« aufgeführt. 1747 hatte Friedrich II. von Preußen die hellenistische Bronzekopie für 5000 Taler erworben und in Potsdam-Sanssouci aufstellen lassen (Antikensammlung, Pergamonmuseum, Berlin).

2 Nach römischer Kopie eines griechischen Originals: Windspiel. Gipsabguß mit Graphitüberzug. Original hellenistisch.

Auch das Windspiel wurde von der Klauerschen Kunstfabrik angeboten; im Katalog ist es unter Nr. 83: »Ein Windhund. Antik. 2 F. 3 Z. hoch« angeführt. Nach der Weimarer Malerin Louise Seidler stand die Plastik 1810/11 auf dem Treppenabsatz. Die römische Marmorkopie befindet sich heute in den Vatikanischen Museen.

3 Nach römischer Kopie eines griechischen Originals: Statue des Satyrs mit Böckchen. Gipsabguß mit Graphitüberzug. Original 2. Hälfte 4. Jh. v. Chr.

Einen Gipsabguß des Satyrs mit dem Böckchen hatte Goethe schon 1771 bei seinem Besuch des Mannheimer Antikensaals in dem »Wald von Statuen, durch den man sich durchwinden« mußte, kennengelernt. Im Angebotskatalog der Klauerschen Kunstfabrik ist das Standbild unter Nr. 7: »Der Ziegenträger-Faun. Antik. 4 Fs. 3 Zoll« genannt. Die römische Nachbildung wird im Prado in Madrid aufbewahrt.

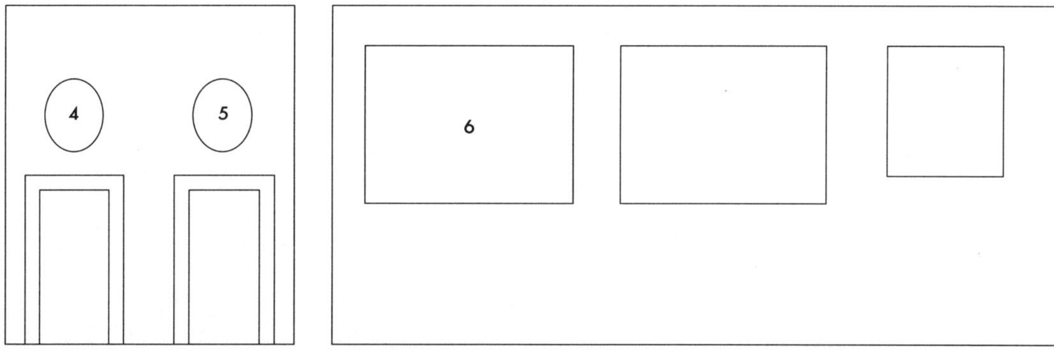

Am 16. Januar 1782 schrieb Goethe an Charlotte von Stein: »Der Herzog von Gotha hat mir einen Abguß der wahren Büste des Vatikanischen Apolls geschickt«. In der *Italienischen Reise* vermerkt er unter dem 9. November 1786: »In St. Peter habe ich begreifen lernen, wie die Kunst sowohl als die Natur alle Maßvergleichung aufheben kann. Und so hat mich Apoll von Belvedere aus der Wirklichkeit hinausgerückt.«

Die Büste des Kriegsgottes, überliefert als römische Marmorkopie nach einem griechischen Original (Louvre, Paris), befand sich bis zum Jahre 1808 in der Villa Borghese in Rom, wo Goethe sie sah. In der *Italienischen Reise* berichtet er unter dem 1. März 1788: »Ich war einen Morgen in der Galerie Borghese 〈...〉. Es sind unsägliche Kunstschätze in dem Besitz des Fürsten.«

4 Nach römischer Kopie des griechischen Originals von Leochares (4. Jh. v. Chr.): Büste des sog. Apoll von Belvedere. Gipsabguß getönt. Original um 330/320 v. Chr.

5 Nach römischer Kopie des griechischen Originals von Alkamenes (2. Hälfte 5. Jh. v. Chr.): Büste des sog. Ares Borghese. Gipsabguß getönt. Original um 420 v. Chr.

6 Charles Landseer (1799–1879): Aphrodite im Schoße ihrer Mutter Dione. Auch als »Tauschwestern« oder »Parzen« bezeichnet. Nach einer Marmorplastik vom Ostgiebel des Parthenon auf der Akropolis in Athen, um 440 v. Chr. Kreidezeichnung, weiß gehöht auf bräunlichem Papier. 1818.

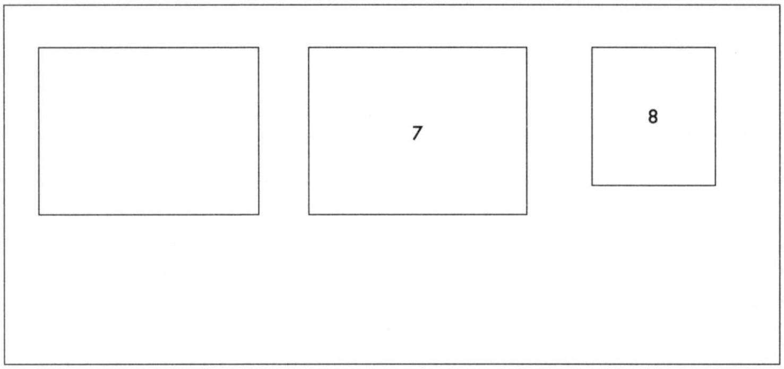

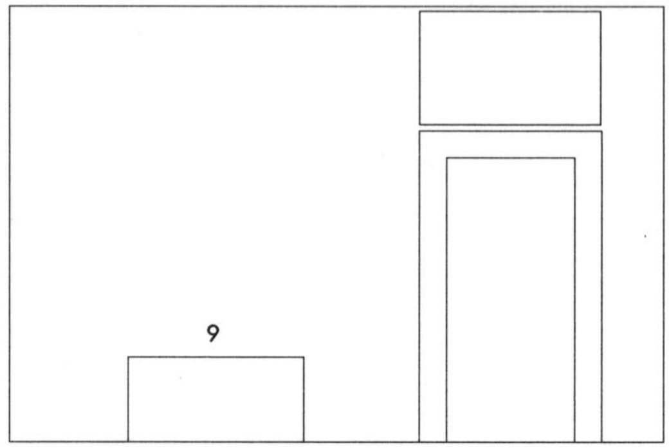

7 William Bewick (1795–1866): Flußgott Ilissos oder Kephissos. Auch als »Herkules« oder »Theseus« bezeichnet. Nach einer Marmorplastik vom Ostgiebel des Parthenon auf der Akropolis in Athen, um 435 v. Chr. Kreidezeichnung, weiß gehöht auf bräunlichem Papier. 1818.

In den *Tag- und Jahres-Heften* notiert Goethe für das Jahr 1818: »Für die Einsicht in höhere bildende Kunst begann dieses Jahr eine neue Epoche.« In den Mittelpunkt seines Interesses waren die »Elgin Marbles« des Parthenon gerückt (British Museum, London). Erste Zeichnungen der Skulpturen hatte er 1787 in Rom gesehen, Teilabgüsse 1814 in Darmstadt. Weiter heißt es: »Aus der Schule des Londoner Malers Haydon sandte man uns die Kopien in schwarzer Kreide, gleich groß mit den Marmoren, da uns denn der Hercules und die im Schoß einer andern ruhende Figur ⟨...⟩ in ein würdiges Erstaunen versetzte. Einige Weimarische Kunstfreunde hatten auch die Gypsabgüsse wiederholt gesehen, und bekräftigten, daß man hier die höchste Stufe der aufstrebenden Kunst im Altertum gewahr werde.«

Großherzog Carl August überließ Goethe 1819 die Zeichnungen leihweise. Einer Tagebuchnotiz Goethes zufolge befestigte sie der Architekt Clemens Wenzeslaus Coudray am 5. September 1829 im Treppenhaus.

8 Johann Adam Heinrich Oedenthal (1791–1876): Medusa. Nach einer römischen Originalplastik aus hadrianischer Zeit. Kreidezeichnung auf grauem Papier. 1829.

Das Medusenhaupt galt zur Goethezeit als eines der Hauptwerke des Kölner »Wallrafianum«, in dem neben mittelalterlichen Malereien vor allem antike Skulpturen ausgestellt waren. In zahlreichen Veröffentlichungen wurde es beschrieben. Das 19. Jahrhundert hielt es für eine griechische Arbeit, so auch Johanna Schopenhauer, die es in ihrem Reisebericht »Ausflug an den Niederrhein und nach Belgien im Jahr 1828« erwähnte. Sie schenkte die durch eine »Vermittlerin«, Sibylle Mertens-Schaaffhausen, angeregte Medusenzeichnung Goethe im Januar 1830 (Bruchstücke der im Krieg zerstörten Plastik, Römisch-Germanisches Museum, Köln).

Die Bezeichnung der Plastik leitet sich von dem einstigen Aufbewahrungsort, dem spanischen Kloster Ildefonso, her. In der Goethezeit wurde die Gruppe als Darstellung von Kastor und Pollux wie auch als Schlaf und Tod interpretiert. Schon dem jungen Goethe war der eklektizistische Charakter der Gruppe aufgefallen. Im 11. Buch von *Dichtung und Wahrheit* beschreibt er seine erste Begegnung mit der Plastik im Jahre 1772 im Mannheimer Antikensaal mit den Worten: »⟨...⟩ besonders aber hatte ich der Gruppe von Castor und Pollux, diesen kostbaren, obgleich problematischen Resten, die seligsten Augenblicke zu danken.« In einem Brief an Johann Heinrich Meyer gibt Goethe am 10. November 1812 zu bedenken: »Bei diesem Studium ist mir ein Gedanke gekommen: ob wir nicht ein Werk, wo nicht von Polyclet selbst, doch in seinem Sinne besitzen sollten, und zwar in der Gruppe, die jetzt in meiner Vorhalle steht, dem sonst sogenannten Castor und Pollux. Hier wären die beiden meister- und musterhaften einzelnen Gegenbilder, der Diadumenos molliter juvenis und der Doryphorus, den Plinius viriliter puerum nennt, neben einander gestellt, und auf die glücklichste Weise kontrastiert und vereinigt.«

Meyer greift die Überlegung auf und antwortet einen Tag später: »Die Gruppe, die in Ihrer Halle steht, scheint mir ⟨...⟩ ein zusammengesetztes Werk, der gerade stehende Jüngling allerdings von hohem Styl, der Zeit und Kunst des Polykletos verwandt. Von der andren, sich anlehnenden Figur hat schon Visconti erinnert, der Kopf derselben sei ein Bildnis des Antinous ⟨...⟩ das übrige der Figur aber ist ganz ohne Zweifel eine der schönsten Wiederholungen des Apollo Sauroktonos in Marmor. Übrigens ist das Ganze mit feinem Sinn zusammen gestellt und, die Teile einzeln betrachtet, eins der interessantesten alten Denkmale.«

Diese Auffassung wurde durch die archäologische Forschung bestätigt: Zwei griechische Meisterwerke, der Eidechsen tötende Apollon des Praxiteles aus dem 4. Jahrhundert v. Chr. und der Speerträger des Polyklet aus dem 5. Jahrhundert v. Chr., wurden hier zu einer Gruppe vereint. Der Hofbildhauer Martin Gottlieb Klauer bot Abgüsse von »Castor und Pollux. Antik ⟨...⟩ 5 Fs« in seiner Kunstfabrik an.

9 Nach römischem Original: Statuen der Ildefonso-Gruppe. Gipsabguß mit Graphitüberzug. Original 1. Jh. n. Chr.

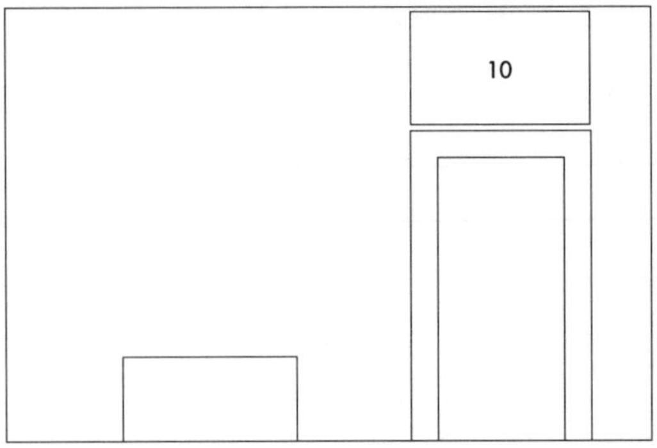

10 Martin Gottlieb Klauer (1742–1801): Basrelief mit dem Thron des Zeus. Gips. 1793.

Mitte Juli 1793 wurde das Gipsrelief über der Eingangstür zum Gelben Saal angebracht. Der Weimarer Hofbildhauer Klauer fertigte es nach dem Vorbild eines antiken Basreliefs, das sich im Museo di Palazzo Ducale in Mantua befindet. Einige Wochen zuvor, am 14. Juni 1793, hatte Johann Heinrich Meyer Goethe mitgeteilt: »In wenigen Tagen werden wir das Basrelief von Klauer erhalten. Ich habe die Form schon gesehen, in welcher dasselbe gegossen werden soll.«

An der Decke:
11 Johann Heinrich Meyer (1759–1832): Iris. Leimfarben auf Papier. 1792. 1948 überarbeitet durch Hugo Gugg.

Im »Historischen Teil« seiner 1810 in zwei Bänden erschienenen *Farbenlehre* äußert sich Goethe zur Ikonographie des Regenbogens: »Die Frage, woher irgend ein solches Ereignis entspringe, ist dem kindlichen Geiste wie dem ausgebildeten natürlich. Jener löst das Rätsel bequem durch ein phantastisches, höchstens poetisches Symbolisieren; und so verwandelten die Griechen den Regenbogen in ein liebliches Mädchen, eine Tochter des Thaumas (des Erstaunens); beides mit Recht: denn wir werden bei diesem Anblick das Erhabene auf eine erfreuliche Weise gewahr. Und so ward sie diesem Gestalt liebenden Volke ein Individuum, Iris, ein Friedensbote, ein Götterbote überhaupt; andern, weniger Form bedürfenden Nationen ein Friedenszeichen.«

Als eine Friedensbotin sah sie auch Goethe, als er Meyer beauftragte, für die Decke des Treppenhauses das Bild der Iris zu schaffen. Unter mißlichen Umständen, während der Campagne in Frankreich, schreibt Goethe am 28. August 1792 an Meyer aus dem Feldlager in Longwy: »Ich verfolge im Geist Ihre Arbeiten und freue mich auf Ihren Regenbogen, der mich wie den Noa nach der Sündflut empfangen soll.«

Unbefangen werden hier christliche Symbolik und griechische Mythologie vermischt.

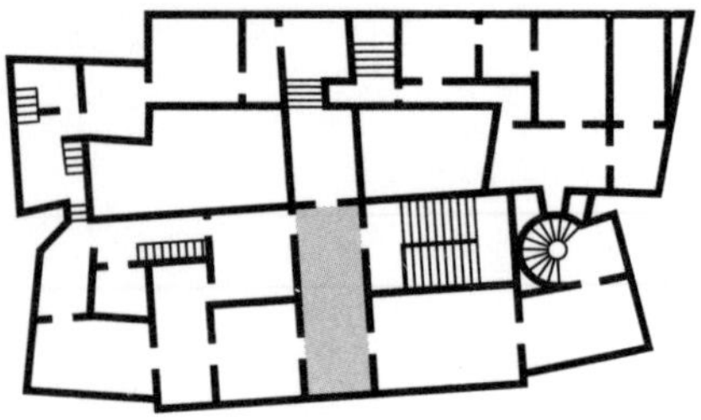

Der Saal diente ursprünglich als »Vorsaal«. Er war zunächst grün gestrichen und hatte eine bläulich getönte Decke, eine Farbkombination, die nach Johann Heinrich Meyers Worten eine »hübsche, noch wenig gesehene Einheit« bilden sollte.

Die Fertigstellung des Kamins kommentiert Goethe in einem Brief an Meyer vom 27. September 1792: »Ich freue mich daß das Kamin wohl geraten ist, denn es ist ein Hauptstück und da wir keine edle Steine haben so ist die Form desto wichtiger.« Der in den neunziger Jahren immer als »Vorsaal« erwähnte Raum wurde zunehmend für die Bewirtung von Besuchern und bei größeren Festlichkeiten als Speisesaal genutzt. 1810 erhielt er einen gelben Anstrich und eine rötliche Decke; seitdem bürgerte sich die Bezeichnung »Gelber Saal« ein.

Goethe, der seit den neunziger Jahren intensive wissenschaftliche Studien zur Farbenlehre betrieb, hat die »sinnlich-sittliche« Wirkung der Farben bei der Gestaltung seines unmittelbaren Lebensbereiches in Anschlag gebracht. Mit der Farbe Gelb verband er die Vorstellung von Heiterkeit und Behagen.

Die über den gesamten Raum verteilten, friesartig gehängten graphischen Blätter des Franzosen Nicolas Dorigny entstanden nach der in der Gartenloggia der Villa Farnesina in Rom an den Decken und Wänden in Fresken erzählten mythologischen Fabel von Amor und Psyche (nach dem lateinischen Dichter Apuleius), die Raffael 1511 zusammen mit Gehilfen geschaffen hatte.

1 Nicolas Dorigny (1658–1746) nach Raffael (1483–1520): Zehn Radierungen, koloriert. 1693.

– Venus erblickt die Psyche (Amor mit Bogen und Köcher – Amor mit dem Donnerkeil)
– Amor und die Grazien (Amor mit dem Dreizack – Amor mit der Feuergabel)
– Juno und Ceres – Venus fährt zum Olymp (Amor mit Schild und Schwert)
– Venus vor Jupiter (Amor mit Bogen und Köcher – Amor mit dem Caduceus)
– Merkurs Sendung (Amor mit dem Thyrsosstab – Amor mit der Rohrpfeife)
– Psyches Rückkehr (Amor mit dem Helm und Schild Alexanders – Amor mit Helm und Schild des Mars)
– Psyche vor Venus – Amor vor Jupiter (Zwei Eroten mit der Keule des Herkules)

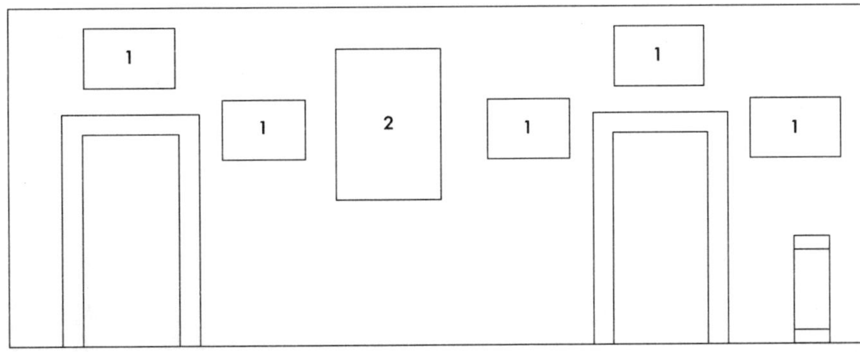

– Psyche und Merkur (Amor mit Hammer und Zange – Amor mit Löwe und Seepferd)
– Die Götterversammlung, Deckengemälde
– Das Hochzeitsmahl, Deckengemälde

Goethe sah die Fresken 1786 und 1787. Unter dem 16. Juli 1787 heißt es in der *Italienischen Reise*: »Gestern ⟨...⟩ in der Farnesine wo die Fabel der Psyche gemalt ist. Wie oft und unter wie manchen Situationen hab ich die bunten Kopien dieser Bilder in meinen Zimmern mit euch angesehn! Es fiel mir recht auf, da ich sie eben durch jene Kopien fast auswendig weiß. Dieser Saal oder vielmehr Galerie ist das Schönste was ich von Dekoration kenne«. Die Serie Dorignys war verbreitet und beliebt. Im Speisezimmer des Tiefurter Schlosses wurde sie ebenfalls angebracht.

2 Friedrich Bury (1763–1823): Die irdische Liebe. Teilkopie nach Tizian (um 1477–1576), 1515/16. Öl auf Leinwand. Um 1792.

Den Hanauer Maler Friedrich Bury lernte Goethe in Rom kennen. Er gehörte der dortigen deutschen Künstlerkolonie an. Bury, der als Porträtist geschätzt war, fertigte zahlreiche Kopien nach bekannten Kunstwerken; oft handelte es sich um Auftragsarbeiten, die den zur Ausbildung in Italien weilenden Künstlern als Verdienstquellen sehr willkommen waren. In der *Italienischen Reise* beschreibt Goethe des öfteren den Hergang solcher Geschäfte.

Wann und ob Bury einen Auftrag Goethes für die Teilkopie des berühmten und bewunderten Tizian-Gemäldes »Himmlische und irdische Liebe« in der Galleria Borghese erhielt, die Goethe mehrfach besuchte, ist nicht überliefert. Über die Ikonographie des Gemäldes gibt es bis heute verschiedene Auffassungen. Die Kopie Burys wurde erstmalig von Karl Morgenstern als in Goethes Besitz befindlich erwähnt (Tagebuchnotiz vom 24. April 1798).

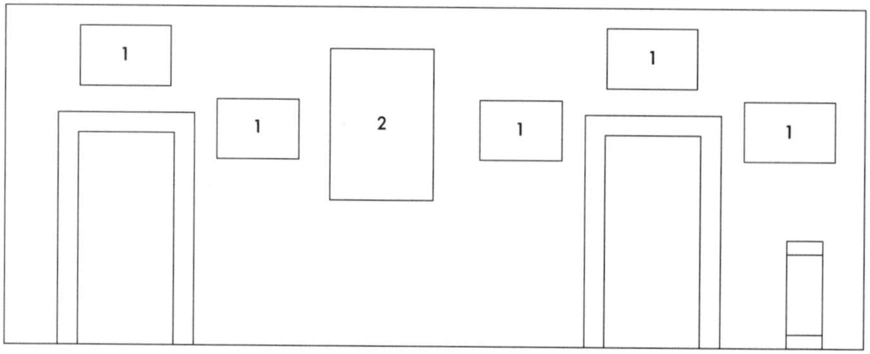

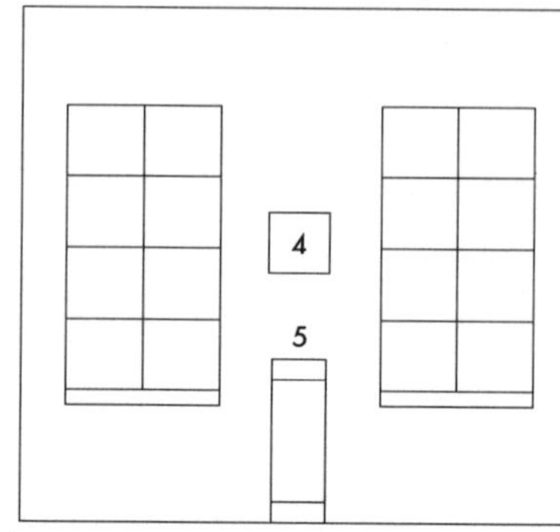

3 Nach römischem Original: Büste der Klytia im Blätterkelch. Gipsabguß, getönt. Original 40–60 n. Chr.

Der erste Abguß des bekannten und beliebten Motivs, das auf ein Marmororiginal im Britischen Museum in London zurückzuführen ist, wurde Goethe von dem Göttinger Naturforscher Johann Friedrich Blumenbach 1793 zugesandt. Beim Transport war die Büste beschädigt worden, wie Goethe am 18. Dezember 1793 Blumenbach mitteilt: »Leider war das allerliebste Köpfchen ⟨...⟩ nicht allein von seinem Rumpfe getrennt sondern auch meist in Stücken. Dürft ich ⟨...⟩ ersuchen, mir den Kopf noch einmal besonders gießen zu lassen, denn die Büste ist unbeschädigt«. Wohl nach dem Erhalt des zweiten Abgusses wurde der zerscherbte Kopf zusammengesetzt und aufmodelliert.

4 Friedrich Wilhelm Ternite (1786–1871): Kopf des Achill. Nach dem pompejanischen Wandgemälde »Die Wegführung der Briseis«. Nach Homers »Ilias«, 1. Gesang. Schwarze Kreide. Um 1825.

Friedrich Wilhelm Ternite hatte sich von 1823 bis 1826 in Neapel aufgehalten. Goethe erfuhr von seinen Durchzeichnungen antiker Gemälde durch Carl Friedrich Zelter in einem Brief vom 22. Januar 1827. Schon am 29. Januar hatte Goethe Gelegenheit, »einige Zeichnungsmappen usw. von Berlin mitgebracht durch Herrn von Müffling« durchzusehen. Am 6. Februar teilt er Zelter mit: »Über die Pompejanischen Gemälde vernimm hier der Weimarischen Kunstfreunde redliches Glaubensbekenntnis: ⟨...⟩ Es sind ganz unschätzbare Dokumente des Altertums, an und vor sich und in historischer Rücksicht aller Betrachtung wert. Wie hoch wir sie schätzen und wie sehr wir Herrn Ternite Glück wünschen dieses goldne Vlies geholt zu haben werden wir in Kunst und Altertum ganz unbewunden aussprechen.« Neben der vom Künstler geschenkten Kreidezeichnung des Achill befinden sich in Goethes Kunstsammlung zehn Probedrucke von Lithographien nach den Malereien in Herculaneum und Pompeji.

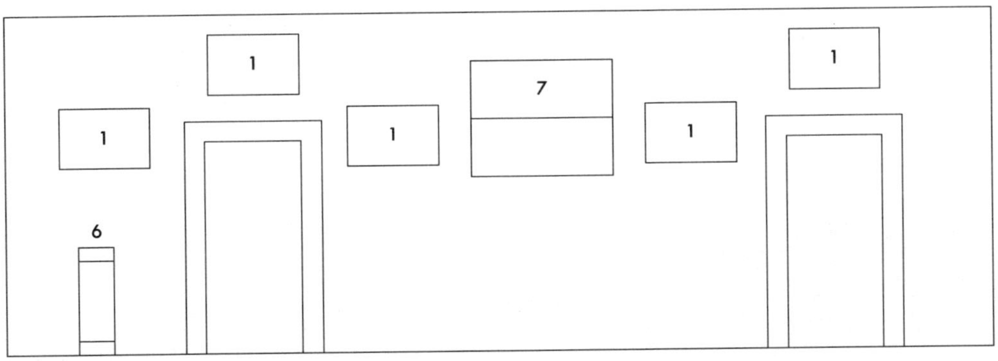

»Nur einen Begriff zu haben, daß so etwas in der Welt ist, daß so etwas zu machen möglich war, macht einen zum doppelten Menschen. Wie gern sagt' ich etwas drüber, wenn nicht alles, was man über so ein Werk sagen kann, leerer Windhauch wäre.« Mit diesen Worten beschrieb Goethe sein Gefühl beim Anblick des Medusenhauptes. Im Palazzo Rondanini in Rom, gegenüber seiner Wohnung am Corso, hatte Goethe das Marmororiginal aus der frühen römischen Kaiserzeit wiederholt bewundert. Seine dortige Wohnung schmückte ein Gipsabguß, den er bei seiner Abreise zurückließ. 1808 war die römische Medusenmaske für die Glyptothek in München erworben worden. Goethe wandte sich am 6. Juli 1825 an den bayerischen Kronprinzen mit der Bitte um einen Abguß. Daraufhin sandte ihm Ludwig I. einen älteren, noch aus Rom stammenden Gipsabguß, dessen Ankunft Goethe unter dem 21. Dezember 1825 in seinem Tagebuch notierte.

5 Nach römischer Kopie vermutlich des griechischen Originals vom Schild der Athena Parthenos des Pheidias (5. Jh. v. Chr.): Maske der Medusa Rondanini. Gipsabguß. Original 2. Hälfte 5. Jh. v. Chr.

Der Abguß ist auf eine römische Kopie eines griechischen Marmororiginals zurückzuführen, die sich in den Vatikanischen Museen befindet. Goethe hatte das Original in Rom gesehen; er berichtet in der *Italienischen Reise* (»Zweiter Römischer Aufenthalt«, Bericht November 1787) vom nächtlichen Besuch der Museen: »Keiner andern Antike ist Fackelbeleuchtung so vorteilhaft als dem sogenannten Phocion«. Der Hofbildhauer Martin Gottlieb Klauer bot Nachbildungen der Büste unter der Bezeichnung »Ulyss« (Odysseus) an.

6 Nach römischer Kopie eines griechischen Originals: Büste des Phokion. Gipsabguß. Original 1. Hälfte 4. Jh. v. Chr.

Eine Handwerkerrechnung aus dem Jahre 1829 belegt die Anfertigung des Majolikaschrankes über dem Kamin. Sieben der insgesamt hundert Stücke umfassenden Majolikasammlung sind hier ausgestellt. Es sind zwischen 1550 und 1570 in Werkstätten Urbinos und Venedigs entstandene Arbeiten mit christlichen und antiken Motiven.

7 Majolikaschrank.

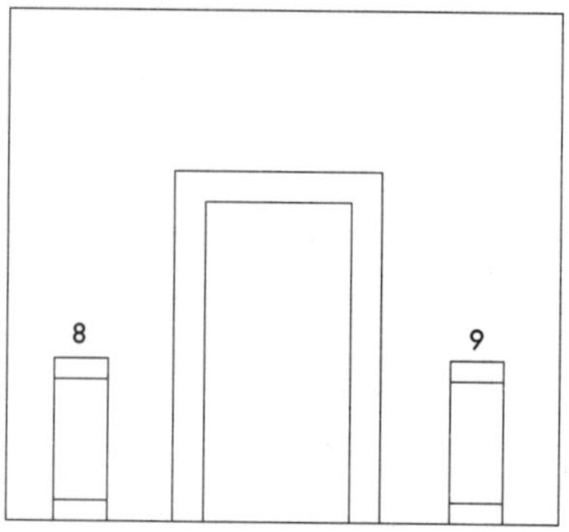

8 Nach römischer Kopie des griechischen Originals von Bryaxis (2. Hälfte 4. Jh. v. Chr.): Kolossalbüste des Zeus von Otricoli. Gipsabguß. Original um 330 v. Chr.

Der Gipsabguß geht auf eine in den Vatikanischen Museen befindliche römische Kopie eines griechischen Originals – vermutlich von einer kolossalen Sitzstatue – zurück. Schon in seiner römischen Wohnung am Corso hatte Goethe einen Abguß besessen. Unter dem 25. Dezember 1786 schreibt er: »Ich habe mich nicht enthalten können, den kolossalen Kopf eines Jupiters anzuschaffen. Er steht meinem Bette gegenüber wohl beleuchtet, damit ich sogleich meine Morgenandacht an ihn richten kann«. Am 24. Februar 1813 vermerkt Goethe in seinem Tagebuch: »Ankunft des Jupiters von Gotha und Aufstellung desselben.«

9 Nach römischem Original: Kolossalbüste des Antinous Mondragone. Gipsabguß. Original 1. Hälfte 2. Jh.

Goethe hatte das bei Frascati aufgefundene Marmororiginal, das sich seit 1805 im Louvre in Paris befindet, noch am Fundort gesehen. Er berichtet in der *Italienischen Reise* unter dem 15. Dezember 1787: »Dienstag Abend erreichten wir Frascati, Mittwoch besuchten wir die schönsten Villen und besonders den köstlichen Antinous auf Monte Dragone.«

Am 21. Mai 1828 traf der von dem Bildhauer Friedrich Tieck gesandte Abguß in Weimar ein. Längere Bemühungen Goethes um die Erwerbung einer Nachbildung waren dem vorangegangen. Noch am gleichen Tag schreibt Goethe an den Berliner Freund Zelter: »Habe ja die Gefälligkeit Herrn Tieck sogleich wissen zu lassen, daß der Abguß des Antinous von Mondragone anheute, zu meiner großen Erinnerungs-Erbauung glücklich angekommen. Ich hatte in Erwartung desselben ⟨...⟩ das Märchen meines zweiten Aufenthalts in Rom zu diktieren angefangen.«

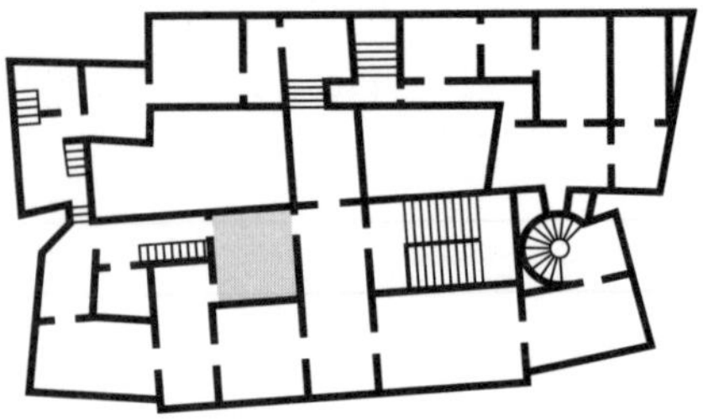

Durch die Türöffnung links neben der Kolossalbüste des Zeus von Otricoli blickt man in einen Raum, der in den Jahren 1885 bis 1913 dem Direktor des Goethe-Nationalmuseums als Arbeitsraum diente und erst danach museal eingerichtet wurde. Einige der Bilder und Einrichtungsgegenstände befanden sich zu Goethes Lebzeiten in diesem Raum, andere sind zur Komplettierung der Einrichtung hinzugefügt worden.

Der nahe der Kleinen Küche gelegene Raum wird der Tradition gemäß als Eßzimmer der Familie oder »Kleines Eßzimmer« bezeichnet.

1 Heinrich Christoph Kolbe (1771–1836): Achill auf Skyros. Feder und Pinsel, grau laviert, weiß und gelb gehöht. 1801.

Die von den Weimarer Kunstfreunden in den Jahren 1799 bis 1805 ausgeschriebenen Preisaufgaben für bildende Künstler waren ein Versuch, den praktischen Kunstbetrieb im Sinne der erarbeiteten klassischen Kunsttheorie zu beeinflussen. Kolbe hat sich mehrfach an den Preisaufgaben beteiligt. 1799 wurde ihm gemeinsam mit dem Stuttgarter Maler Christian Ferdinand Hartmann der 1. Preis zuerkannt.

2 Johann Heinrich Meyer (1759–1832): Johann Wolfgang von Goethe. Aquarell. Zwischen 1792 und 1795. (Abb. S. 43)

Als »frappant ähnlich«, aber auch als »anspruchslos, ernst, ja mißmutig« wurde dieses Porträt Goethes beurteilt. Wann Meyer das Bildnis fertigstellte, ist den Quellen nicht zu entnehmen. Da Friedrich Schiller am 8. Juli 1796 Goethe bat, seinen von Meyer geschaffenen Kopf »vor den neuen ›Musenalmanach‹ setzen« zu dürfen, muß es vor Meyers Italienaufenthalt vollendet gewesen sein, der vom November 1795 bis zum November 1797 dauerte. Das Aquarell wurde 1915 aus dem Besitz der Familie Christian Schuchardts, der seit 1825 als Sekretär in Goethes Dienst stand, für das Goethe-Nationalmuseum erworben.

3 Italienisch: Der tote Christus, von Engeln beweint. Ölskizze in Braun auf Leinwand. 1. Hälfte 17. Jh.

Der in Leipzig lebende Schriftsteller Johann Friedrich Rochlitz hat das Bild 1817 auf der Auktion des Winklerschen Nachlasses für Goethe erworben. Es wurde für eine Arbeit Guercinos gehalten. Am 20. März 1817 antwortet Goethe Rochlitz auf dessen Angebot vom 15. März: »Ich nehme ⟨...⟩ das Anerbieten wegen des Guercin. Bildes dankbar auf, bitte mir solches zu senden, und nicht zu verhehlen was ich dafür schuldig werde.«

4 Gerhardt Wilhelm von Reutern (1794–1865): Eichen im Willingshäuser Wald. Federzeichnung, getuscht. August 1826.

Der Maler und Radierer Gerhardt von Reutern hielt sich vom 4. bis 7. September 1827 in Weimar auf. Er stattete Goethe zwei Besuche ab, von denen er seiner Frau voller Freude berichtete: »Über meine Arbeiten äußerte sich Goethe folgendermaßen: ›Ich sehe in allen Ihren Zeichnungen nichts, das Sie zu vermeiden hätten; in allem ist klares

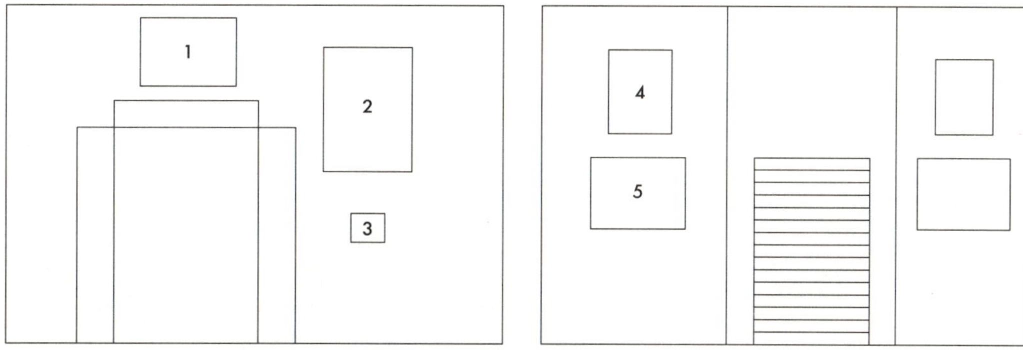

Anschauen der Natur, wahres Gefühl für dieselbe, Auffassung des Charakteristischen und Schönen. 〈...〉 Fahren Sie nur fort, malen Sie, und so werden Sie sehen, Sie können es!‹« Die Zeichnung ist Goethe 1827 vom Künstler geschenkt worden.

Von Ende März bis Mitte Mai 1787 bereiste Goethe in Begleitung des in Hildesheim geborenen und in Neapel lebenden Zeichners Christoph Heinrich Kniep Sizilien. Die Insel galt damals vielen als Terra incognita. Kniep hatte die Aufgabe, während der Reise, die den Charakter einer Expedition besaß, die gesehene Landschaft im Bild festzuhalten. Diese Arbeiten haben sich nahezu vollständig in Goethes Sammlung erhalten. In der *Italienischen Reise* vermerkt Goethe unter dem 23. März 1787 die mit dem Reisegefährten getroffene Vereinbarung: »Nun haben wir folgendes verabredet. Von heute an leben und reisen wir zusammen, ohne daß er weiter für etwas sorgt als zu zeichnen, wie diese Tage geschehen. Alle Conture gehören mein, damit aber nach unserer Rückkehr daraus ein ferneres Wirken für ihn entspringe, so führt er eine Anzahl auszuwählender Gegenstände, bis auf eine gewisse bestimmte Summe für mich aus«. Die aquarellierte Zeichnung gehört also zur Nachgeschichte von Goethes Italienreise.

5 Christoph Heinrich Kniep (1755–1825): Bucht von Palermo und Monte Pellegrino. Federzeichnung, aquarelliert. 1788.

Johann Heinrich Meyer: Johann Wolfgang von Goethe

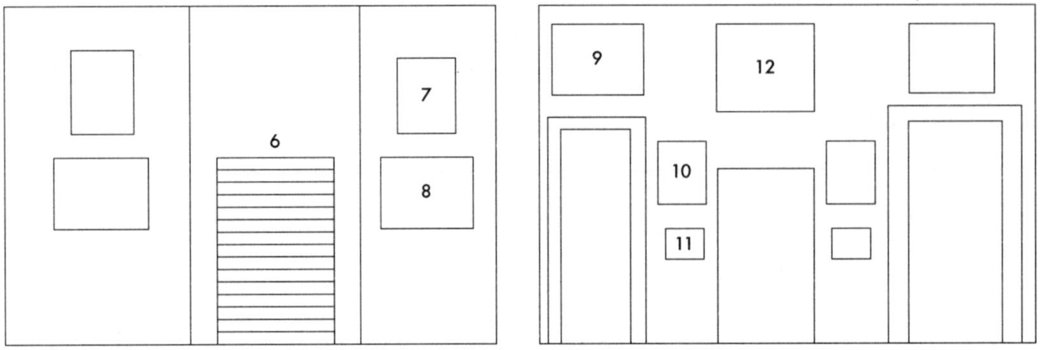

6 Das Repositorium.

Es enthält einen Teil der Mappen, in denen Goethe die nach Schulen und Meistern geordnete Graphik seiner Kunstsammlung aufbewahrte.

Auf dem Repositorium:

– Kohlebecken. Italienische Kupferarbeit.
– Nach römischer Kopie eines griechischen Originals: Büste der Pallas Velletri. Gipsabguß. Original um 400 v. Chr.
  Die bei Tusculum aufgefundene römische Marmorkopie eines griechischen Bronzeoriginals dürfte Goethe in der Villa Albani in Rom gesehen haben. Heute wird sie in der Glyptothek in München verwahrt. Den Gipsabguß hatte Goethe durch Vermittlung Carl Ludwig Fernows aus Rom erhalten. Am 20. Dezember 1804 teilte er Schiller mit: »Nun muß ich melden daß die Minerva Velletri angekommen ist und ganz verwundert aussieht das Christfest mitfeyern zu sollen.«
– Unbekannter Künstler: Bildnisbüste einer jungen Frau (»Julie«). Gipsabguß, getönt. 1. Drittel 19. Jh.

7 Jakob Philipp Hackert (1737–1807): Landschaft bei Vietri, Wegkehre an bewachsenem Felsen mit rastendem Paar. Feder und Pinsel in Braun, laviert. 1790.

Während seiner Italienreise machte Goethe, der in Begleitung Johann Heinrich Wilhelm Tischbeins nach Neapel gereist war, 1787 die Bekanntschaft des zu seiner Zeit überaus erfolgreichen Landschafters Jakob Philipp Hackert. Der in Neapel als Hofmaler Tätige unterrichtete den Dichter im Zeichnen.

Die »Landschaft bei Vietri« entspricht einer der Radierungen aus der »Suite de IV. Vues dessinées dans le Royaume de Naples et gravées par Ja. Ph. Hackert à Rome 1779« (Hinweis von Claudia Nordhoff, Rom). Goethe hat sie 1814 von dem Leipziger Kunsthändler Johann Gottlob Stimmel erworben.

Das Bild, eine satirische Darstellung der deutschen Literatur, schuf Kraus als Überraschung für Herzogin Anna Amalia Weihnachten 1781 nach der gleichnamigen Dichtung Goethes. In einem Brief vom 19. Dezember 1817 bittet Goethe seinen Sohn August, ihm das Bild zur Verkürzung der langen Winterabende nach Jena zu senden. Das Blatt ist eine Replik, das Original befindet sich in Schloß Tiefurt.

8 Georg Melchior Kraus (1737–1806): Das Neueste von Plundersweilern. Feder, in Grau laviert, aquarelliert. 1781/82.

Seinen 52. Geburtstag feierte Goethe 1801 im Palais des Prinzen August in Gotha, wo er auf der Rückreise von einer Badekur in Pyrmont Station machte. In seinem Tagebuch notiert er: »Freitag am 28ten. Mittag bei Prinz August.« Der gothaische Prinz hielt den Hergang der Geburtstagsfeier ausführlich in seinem Schreibkalender fest. Dort heißt es u. a.: »Ich schenkte ihm ein von Wendel in Erfurt gemaltes Gemälde, welches die Außenseite meines Hauses darstellt.«

9 Johann Georg Wendel (1754–1834): Das Palais des Prinzen August von Gotha. Aquarell. Um 1800.

Goethe unterhielt seit der ersten Begegnung 1775 in Weimar freundschaftliche Beziehungen zu Wieland, dem von Herzogin Anna Amalia zum Erzieher ihrer Söhne bestellten Dichter der Aufklärung. Von dem Wieland-Porträt Kügelgens existieren zwei Fassungen. Eine erwarb die Universitätsbibliothek Dorpat 1823/24; das zweite, aus dem Besitz der Familie Kügelgen stammende Bild befindet sich im Frankfurter Goethe-Museum.

10 Johann Friedrich Lortzing (1782–1851) nach Franz Gerhard von Kügelgen (1772–1820): Christoph Martin Wieland. Original 1808/09. Kreidezeichnung, farbig. 1815.

Carus schreibt am 23. November 1823 an Goethe: »Endlich habe ich noch ein kleines, besonders fleißig behandeltes Bild von diesem Jahr beigelegt, von dem ich wünschte, daß Ew. Exzellenz es sich gefallen ließen, es den früher so gütig aufgenommenen beizugesellen, um sich dabei meiner innigen Verehrung gegen Ew. Exzellenz zuweilen zu erinnern«. Der in Dresden lebende Mediziner und bildende Künstler hatte Eldena im Jahr 1819 während seiner Rügenreise besucht. Am Ort entstand eine Bleistiftskizze, die im Dresdener Kupferstichkabinett verwahrt wird.

11 Carl Gustav Carus (1789–1869): Klosterruine Eldena bei Greifswald. Öl auf Leinwand. 1823.

Carl Wilhelm Lieber, der auf Goethes Empfehlung zeitweilig als Schüler Caspar David Friedrichs in Dresden arbeitete, diente Ruisdaels Gemälde in der dortigen Galerie als Vorlage für seine Zeichnung.

Eine Beschreibung des Gemäldes gab Goethe in seinem Aufsatz *Ruisdael als Dichter* von 1813, der im »Morgenblatt für gebildete Stände« (Nr. 107, 1816) erstmalig gedruckt wurde. In Goethes Kunstsammlung sind noch zwei Radierungen des »Jüdischen Begräbnisplatzes bei Amsterdam« und eine Zeichnung zum Thema erhalten.

12 Carl Wilhelm Lieber (1791–1861) nach Jacob Isaackszoon van Ruisdael (1628/29–1682): Der Judenfriedhof. Feder und Pinsel in Sepia über Graphit. Um 1813.

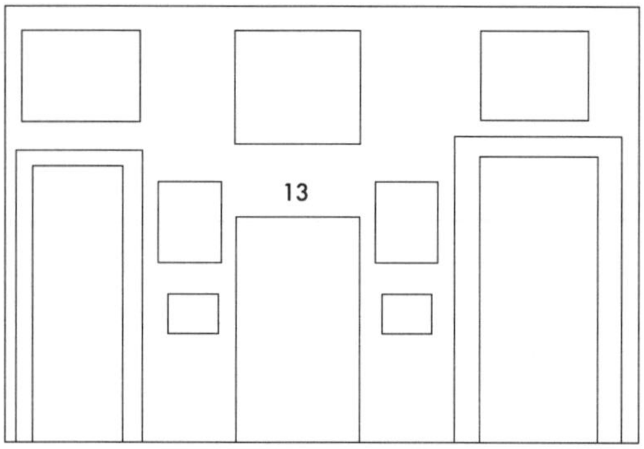

13 Die Schrankvitrine.

Auf der Vitrine:

– Friedrich Tieck (1776–1851) nach Asmus Jakob Carstens (1754–1798): Statuette der Parze Atropos. Gips. Original 1795. Gips mit Ergänzungen 1825.
  Am 29. Juli 1825 vermerkt Goethe in seinem Tagebuch: »Kam die kleine weibliche Statue von Berlin.« Einige Wochen später berichtet Tieck Goethe ausführlich über seine Beschäftigung mit der Parze, insbesondere über die vorgenommenen Ergänzungen. Tieck fügte dem Torso des Carstensschen Tonmodells beide Arme hinzu, wobei er in Arm- und Handhaltung einer Zeichnung des Künstlers aus dem Jahre 1804 genau folgte.

In der Vitrine:

In der Schrankvitrine sind neben Gebrauchsgeschirr aus dem Besitz der Familie persönliche Erinnerungsstücke aufbewahrt, von denen im folgenden einige wichtige Stücke näher beschrieben werden.

Oberes Fach:

Ausgestellt sind Sektkelche aus dem 18. Jahrhundert und eine Anzahl von Römergläsern aus der Zeit um 1700, daneben sind einzelne Gläser von hohem kunstgewerblichem Rang präsentiert:

– Deckelpokal. Geschliffenes und geschnittenes Glas. Vier Medaillons mit Ansichten aus der Umgebung von Baden-Baden: »Eingang der alten Burg«/»Schloß und Trinklaube.«/»Ansicht bey Lichtenthal.«/»Die Favorite bey Baden. 1829«. Auf dem Fuß mit geschnittenen Buchstaben: »MARIANNE«. Vermutlich eine Arbeit der Glashändler Franz Pelikan und Hoffmann aus Meistersdorf in Böhmen.
  Marianne von Willemer, die Suleika des *West-östlichen Divans*, schenkte Goethe den Deckelbecher zum 80. Geburtstag. In seinem Dankbrief vom 30. September 1829 kommentiert Goethe charmant

die versteckten Anspielungen auf die frühere Liebesbeziehung: »Nun aber muß ungesäumt berichtet werden: daß zur besten Stunde ein köstliches Glas mit mancherlei guten Abbildungen angekommen 〈...〉. Es ist artig zu bemerken daß das Lokal einer Favorite einer von der Natur und den Freunden höchst begünstigten Wandernden zum Aufenthalt dienen sollte, in einer Gegend wo noch von früheren Zeiten der Hudhud 〈der Liebesbote, vgl. S. 128 f.〉 im Eckchen seine Rechte behauptet, einigermaßen trauernd daß er nicht immer fort und fort wie sonst mit anmutigen Aufträgen in Bewegung gehalten wird.«

– »Das holde Glas«. Farbloses geschliffenes und geschnittenes böhmisches Glas mit in Medaillons eingeschnittener Widmung: »Andenken den 28. August 1823 in Carlsbad«, »Ulrike«, »Amélie«, »Bertha«.

Das Glas ist ein von Goethe sorgsam verwahrtes Geschenk. Es erinnerte ihn an den Ausflug, den er während seines letzten Aufenthaltes in den böhmischen Bädern an seinem 74. Geburtstag mit Frau von Levetzow und ihren drei Töchtern nach Elbogen unternahm. Goethe hatte für die neunzehnjährige Ulrike von Levetzow eine leidenschaftliche Zuneigung gefaßt, die ohne Erwiderung blieb. In seiner *Trilogie der Leidenschaft* (1823/24) verlieh er dieser für ihn schmerzhaften Erfahrung poetischen Ausdruck.

– Schreibzeug mit kniendem Amor. Biskuitporzellan, Sockel glasiert. Berlin, um 1820. Ein Geschenk des Modellmeisters der Königlich Preußischen Porzellanmanufaktur, Johann Carl Friedrich Riese (gest. 1843), an Goethe.

Mittleres Fach:

Unter der kleinen Sammlung von Tee- und Schokoladentassen sind hervorzuheben:

– Tasse mit Goethe-Porträt, sog. »Sebbers-Tasse«. Das Goethebildnis wurde von Julius Ludwig Sebbers geschaffen, einem der bedeutendsten Bildnismaler auf Porzellan in seiner Zeit. Sebbers war ab 1827 Leiter der Porzellanmalerei in Fürstenberg. Am 17. Juni 1826, auf seiner Rückreise von München nach Braunschweig, begann er, Goethe in Weimar zu porträtieren. »Das Bild ist zu aller Menschen Zufriedenheit wohl geraten«, schreibt Goethe am 12. August an Zelter, scherzhaft fügt er hinzu:

»Sibillinisch mit meinem Gesicht
Soll ich im Alter prahlen!
Jemehr es ihm an Fülle gebricht
Desto öfter wollen sie's malen!«

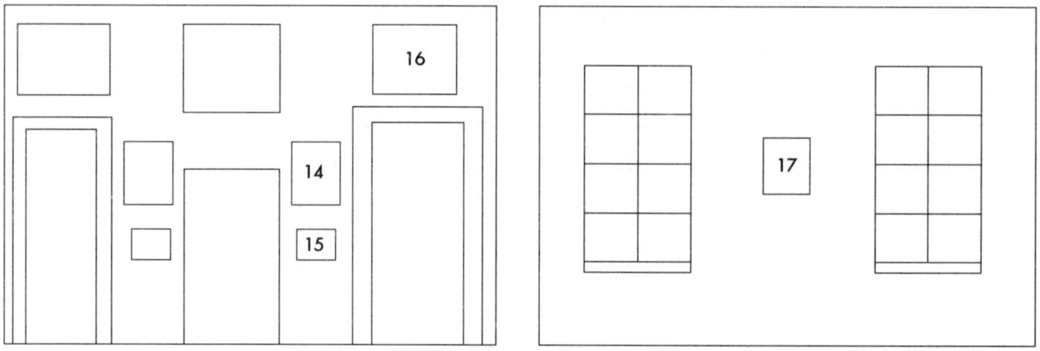

– Iphigenie-Tasse. Porzellantasse. Berlin 1800. Dargestellt ist die Berliner Schauspielerin Friederike Unzelmann in der Rolle der Iphigenie. Sie schenkte Goethe die Tasse am 27. Dezember 1802. Der in Goldschrift aufgebrachte Spruch ist Ausdruck tiefer Verehrung:

»Goldene Sonne leihe mir die
schönsten Strahlen, lege Sie
zum Dank zu Goethes Füßen,
denn ich bin arm und stumm.«

1892 wurde die Tasse von Großherzogin Sophie von Sachsen-Weimar-Eisenach dem Goethe-Nationalmuseum geschenkt.

– Porzellantasse. Zylinderform, klassizistisch, graugrünlicher Scherben.

Mit einem Vermerk des Enkels: »Vom Großvater. Elgersburg 1831. bis zu seinem Tode von mir bei dem gemeinsamen Frühstück benutzt. Wolfgang von Goethe.«

Unteres Fach:

Es enthält neben Gebrauchsgeschirr verschiedene Gläser und Besteckteile, einen Apothekerlöffel aus Achat, ein Schreibzeug aus Alabaster und das Wasserglas Goethes. Von besonderem Wert ist ein

– zweiteiliges Besteck. Süddeutsch. Um 1660. Stahl mit Elfenbein. Diese Kostbarkeit erhielt Goethe von seiner glühenden Verehrerin Bettine von Arnim als Geschenk. Am 9. Januar 1808 bedankt er sich dafür: »Sie haben Sich, liebe Bettine, als ein wahrer kleiner Christgott erwiesen 〈...〉, eines jeden Bedürfnisse kennend und ausfüllend. 〈...〉 Das ausgesuchte zierliche der Gaben war überraschend. Kunstkenner wurden herbeigerufen die artigen Balgenden zu bewundern«. Der Goethebrief ist in veränderter Form in Bettine von Arnims Buch »Goethe's Briefwechsel mit einem Kinde« aufgenommen worden.

14 Ferdinand Carl Christian Jagemann (1780–1820): Friedrich August Wolf. Kreide, farbig. 1805.

Als Neujahrsgeschenk des hallischen Philologen wurde das Bild von Jagemann persönlich überreicht (vgl. Wolf an Goethe, 1. Januar 1806; Goethe an Wolf, 5. Januar 1806). Die Vermutung liegt nahe, daß Goethe den Künstler mit dem Porträt beauftragt hatte. Er liebte es, Freunde und bedeutende Zeitgenossen im Bildnis in seinem Haus und in seinen Sammlungen vor Augen zu haben.

15 Carl Gustav Carus (1789–1869): Das Brockenhaus im Morgenlicht. Öl auf Leinwand. 1820.

Im Juni 1820 sandte Carus »Das Brockenhaus im Morgenlicht« zusammen mit seinem Gemälde »Tannenwald« (siehe S. 78) als Geschenk nach Weimar. Beide Bilder wurden von Goethe und Meyer im 2. Bd., 3. Heft (1820) der Zeitschrift *Über Kunst und Altertum* besprochen. Im Zuge der Vorarbeiten für die geplante Veröffentlichung teilt Goethe Meyer am 11. Juli 1820 mit: »Das Brockenhaus hab ich benamset, dabei bild ich mir aber ein, es sei ein Sonnenaufgang intentioniert; man geht gewöhnlich auf den Brocken in dem Wahn, man werde die Sonne aufgehen sehen, hier möcht es einmal geglückt sein, auch scheint mir der kalte Ton des Ganzen, die leichten Wolken und der gilbliche Sonnenschein dahin zu deuten.« Am 13. Januar 1822 schreibt Goethe an Carus, er habe das Brockenhaus seinem Sohn »als einem Höhelustigen« abgetreten.

16 Georg Melchior Kraus (1737–1806): Das Weimarer Schloß. Kolorierte Radierung. 1805.

Die Ansicht des Weimarer Schlosses von Südosten ist eine erste Darstellung des unter maßgeblicher Beteiligung Goethes wieder aufgebauten Residenzschlosses, das 1774 zu großen Teilen abgebrannt war.

17 Johann Heinrich Meyer (1759–1832): Phönix und Achill. Feder und Aquarell. 1830.

In Goethes Kunstsammlung gibt es ein Aquarell mit dem gleichen Thema, das er vermutlich am 26. Juni 1792 von Meyer erhielt. Die zweite Fassung des Themas von Meyers Hand entstand Weihnachten 1830. Phönix, ein Fürst der Doloper, galt nach der griechischen Sage als Erzieher und Berater des Achill. Er begleitete seinen Zögling in den Trojanischen Krieg, wo er dessen Tod erleben mußte. Die Wiederholung der Zeichnung 1830 war vielleicht als Tröstung des Freundes für den erlittenen Verlust des Sohnes gedacht. August von Goethe war am 27. Oktober in Rom verstorben.

Neben der Tür

Der zusammenklappbare Sessel wurde nach der Überlieferung von Goethe bei seinen häufigen Reisen als Sitzmöbel benutzt.

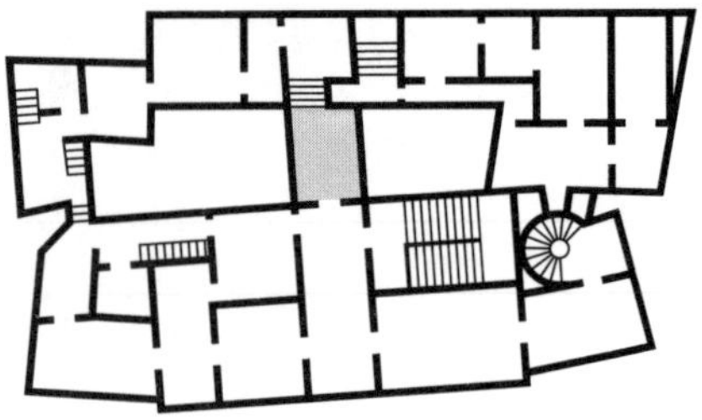

Der Besucher setzt seinen Rundgang im Brückenzimmer (häufig auch Büstenzimmer genannt) fort. Diese Hofüberbrückung bildet eine dritte Verbindung von Vorder- und Hinterhaus. Durch das anschließende Gartenzimmer ermöglicht sie den Zugang zum Hausgarten von den überwiegend für Repräsentationspflichten genutzten Räumlichkeiten. Die Einbeziehung des Gartens (siehe auch S. 142) in sein öffentlich-gesellschaftliches Leben war für Goethe ein wichtiger Aspekt bei der Nutzung dieser »Brücke«, zumal er mit ihr Flächen für die Aufstellung der Plastiken seines »Museums en miniature« gewann. Den architektonischen Charakter des Raumes bestimmt das Tonnengewölbe, dessen Fertigstellung Johann Heinrich Meyer am 7. Juni 1793 meldet: »Übrigens hab' ich Ihnen zu berichten, daß das Gewölb in dem Zimmer überm Hof fertig ist; nun werden die Wände gemacht. Ich kann's Ihnen gar nicht sattsam beschreiben, wie hübsch kapellenhaft das Ding wird.«

Die Ausmalung des Gewölbes, die original erhalten ist, besorgte wahrscheinlich der Maler Conrad Horny, der von 1795 an als Lehrer an der Weimarer Freien Zeichenschule tätig war. Die Zuschreibung an Horny erfolgt auf Grund von stilistischen Merkmalen. Interessant ist die Auswahl der floralen Ornamentik. Der Thyrsosstab, ein Attribut des Dionysos und seines Gefolges, steht eindeutig in thematischem Bezug zu dem Wandfries mit dem Thema »Dionysos verwandelt die tyrrhenischen Seeräuber«, der einen antiken Metamorphosemythos darstellt. Die in der Antike unübliche Dekorierung des Thyrsos mit Blüten (u.a. Malven) und die Lilienstengel könnten entweder als erdachter ikonographischer Bezug auf Goethes Schrift *Versuch die Metamorphose der Pflanzen zu erklären* (1790) oder schlicht als Hinweis auf die Nähe des Gartens gesehen werden.

Auf dem Fries der Ostwand sind die nach dem Relieffries des Lysikrates-Denkmals in Athen zitierten Figurenmotive in ihrer Stellung zueinander modifiziert wiedergegeben. Am 15. Mai 1795 entlieh Goethe aus der Herzoglichen Bibliothek die von dem Maler benutzte Vorlage: The antiquities of Athens. Measured and delineated by James Stuart and Nicholas Revett. Vol. 1–3, London 1762–1794. Die Auswahl der Motive traf er aus neun der 17 großformatigen Kupferstiche, auf denen die Athener Reliefs vollständig abgebildet sind. (Die Angaben sind einer unpublizierten Arbeit von Christa Lichtenstern, Frankfurt a.M., zu danken.)

Die Darstellung von Bacchus und Faunen auf dem Fries an der Westseite über den Fenstern gehen auf Ausschnitte aus einem Kupferstich von Giovanni Battista Piranesi zurück, den er 1778 in seinem

Werk über Vasen und Kandelaber (Rom 1756–1785) veröffentlicht hat. Goethe kannte das in der Herzoglichen Bibliothek (heute Herzogin Anna Amalia Bibliothek) vorhandene Werk Piranesis. Entleihungen sind für 1824 und 1828 belegt. Daß eine Benutzung zum Zeitpunkt des Hausumbaus heute nicht mehr nachzuweisen ist, mag der nachlässigen Führung der Ausleihbücher geschuldet sein, die erst durch Goethes administratorisches Eingreifen ab 1798 wieder korrekt betrieben wurde.

Die Stuckarbeiten führte wie im Treppenhaus Johann August Käseberg aus. Für das Kranzgesims und die Zierleiste verwendete er eine Nachbildung des lesbischen Kymations und ein Schraubenband.

Die blaue Wandfarbe ist, wie eingehende Untersuchungen ergeben haben, immer beibehalten worden. Einer Mode der Zeit folgend hatte man die Türrahmen zunächst mit Marmorpapieren beklebt. Diese Art der Gestaltung wurde in Goethes Haus nach 1800 aufgegeben.

Die Aufstellung der plastischen Werke unterlag einem häufigen Wechsel. Die Abgüsse nach den Antiken und einige zeitgenössische Porträtbüsten waren auf Postamenten bzw. auf verschiedenen Schränken plaziert. Zwei 1784 von einem Weimarer Tischlermeister nach Goethes Vorstellungen gebaute Münzschränke aus braun lasiertem Nadelholz sind noch vorhanden. Auf Wandbrettern an den Schmalseiten des Zimmers über den Türen hatten 16 »moderne Büsten« ihren Platz. Heute sind überwiegend Erwerbungen aus den späten Lebensjahrzehnten Goethes zu sehen.

1 Friedrich Tieck (1776–1851): Figur der Kassandra. Gipsabguß, getönt. Original 1827. Abguß 1827.

2 Phidias-Schule: Fragment einer kolossalen Minervamaske. Gipsabguß.
Original 5. Jh. v. Chr. Parthenon.

3 Friedrich Tieck: Figur des Achill. Gipsabguß, getönt. Original 1826.

Kassandra und Achill gehören zu einer Gruppe von 15 Stuckfiguren, die der Berliner Bildhauer Friedrich Tieck in Anlehnung an die griechische Mythologie von 1825 bis 1828 zur Ausgestaltung des Teesalons des Berliner Schlosses modellierte. Ende 1827 hatte Goethe die »anmutig-scheue Nymphe« erhalten. Anfang 1829 war der »ehrenwerte heldenmäßige Kriegsgott« eingetroffen. Goethe widmete den Plastiken einen kleinen Aufsatz in der Zeitschrift *Über Kunst und Altertum* (6. Bd., 2. Heft, 1828) unter der Überschrift *Heroische Statuen von Tieck.*

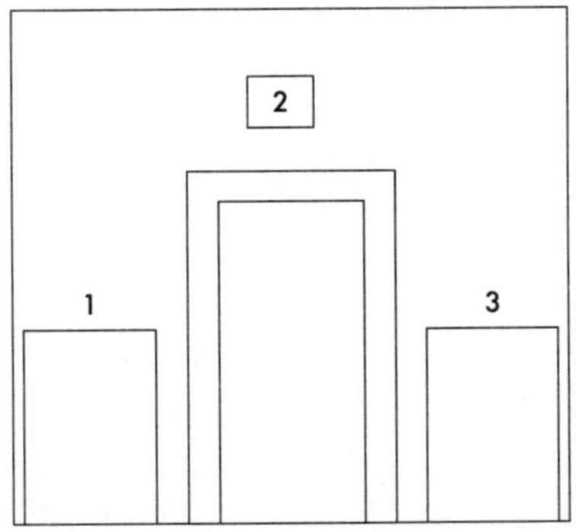

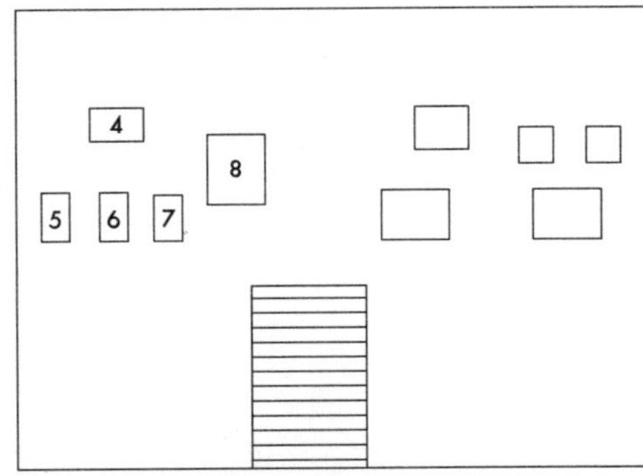

Die vier fragmentarischen Gipsabgüsse wurden von einem griechischen Marmorrelief mit der Darstellung der Apotheose Homers im Britischen Museum in London abgenommen.

Am 27. September 1827 erhielt Goethe die von dem preußischen Staatsrat und Geheimen Finanzrat Peter Christian Wilhelm Beuth gesandten Reliefs. Johann Heinrich Meyer berichtet er darüber am 30. September 1827: »Herr Beuth hat mir vier Figuren aus der Apotheose des Homers gesendet; herrliche Dinge, welche zu neuer Betrachtung dieses wundersamen Kunstwerks aufrufen. In welche Zeit wäre es wohl zu setzen? Über die Darstellung glaube ich etwas Eignes, Neues gefunden zu haben.« Seine Erkenntnisse faßte Goethe zusammen in dem Aufsatz *Homers Apotheose*, der nach seinem Tode in den *Nachgelassenen Werken* (Bd. 4, 1832) erschien.

Nach griechischem Original des Archelaos von Priene (2. Jh. v. Chr.): Relief mit der Apotheose Homers. Gipsabgüsse. Originale um 125 v. Chr. Fragmente:

4 Thronender Zeus.

5 Mnemosyne.

6 Terpsichore.

7 Apollon Musagetes.

Am 17. Februar 1831 vermerkt Goethe in seinem Tagebuch: »War der Abguß eines höchst interessanten antiken Basreliefs als Gabe des höchst gefälligen Beuth von Berlin angekommen. Ernsthafte Betrachtungen darüber, ganz esoterisch.« Beuth hatte als besondere Vergünstigung von dem Marmororiginal im Britischen Museum in London einen Abguß abformen lassen können. In einem der Sendung an Goethe beigefügten Brief vom 11. Februar 1831 teilt er mit: »Ew. Excellenz habe ich in der Anlage den Abguß eines Basreliefs zu übersenden die Ehre, welches in Argos gefunden wurde, wo es umgekehrt als Treppenstufe diente. Es wird jetzt in der Kupferstichsammlung des Britischen Museums, als ein anstößiger Gegenstand unter Schloß und Riegel gehalten.«

8 Nach griechischem Original: Basrelief Leda mit dem Schwan. Gipsabguß. Original undatiert.

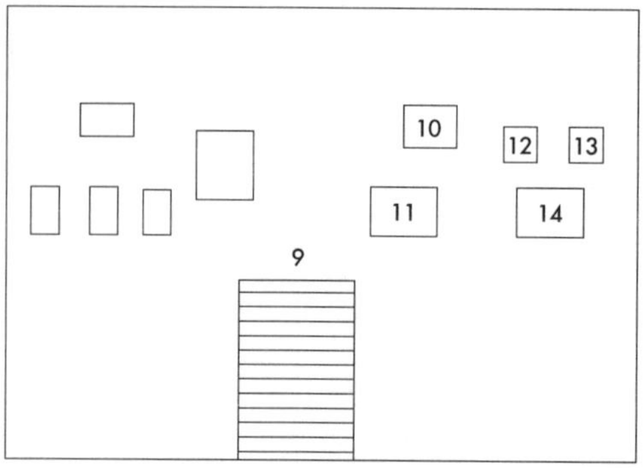

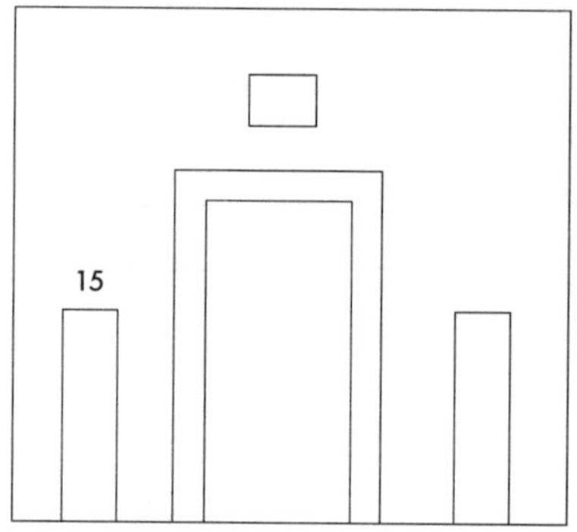

9 Nach römischer Kopie des griechischen Originals von Praxiteles (4. Jh. v. Chr.): Büste der sog. Aphrodite von Arles. Gipsabguß. Original um 360 v. Chr.

Am 2. August 1802 schreibt Goethe an Wilhelm von Wolzogen: »In einem zweiten Briefe gedenken Sie der schönen Abgüsse, welche gegenwärtig in Paris zu haben sind. ⟨...⟩ Möchten Sie mir indessen den Kopf der Venus von Arles gelegentlich überschicken, so würden Sie mir auch schon dadurch eine besondere Freude machen.« Ein halbes Jahr später (am 4. Februar 1803) teilt er Schiller mit: »doch ist ein vortrefflicher Abguß der Büste der sogenannten Venus von Arles, womit mich der Prinz durch Ihren Herrn Schwager beglückt hat, wohl einer Wallfahrt in meine Einsiedelei wert.« Der Abguß ist auf eine römische Kopie eines Marmororiginals zurückzuführen, das sich im Louvre in Paris befindet.

10 Nach griechischem Original: Relief mit Nikc, die einen Stier opfert. Gipsabguß. Original hellenistisch.

11 Nach griechischem Original: Relief mit Paris und Helena auf einer Quadriga. Gipsabguß. Original hellenistisch.

Aufmerksam geworden durch die englische Abhandlung »A description of the collection of ancient Terracottas in the British Museum«, wandte sich Goethe an Peter Christian Wilhelm Beuth in Berlin mit der Bitte um Zusendung einiger Abgüsse antiker Terrakottareliefs. Am 31. Dezember 1826 traf das Gewünschte bei Goethe ein. In seinem Tagebuch hält er fest: »Die Beuthische Sendung von Berlin war angekommen. Merkwürdigste Terracottas. Vergleichung derselben mit den englischen Kupfern.« Eine Woche später berichtet Goethe dem Altersfreund Zelter über die »kostbare Sendung alter und neuer Kunstwerke«, an denen er sich immerfort erbaue.

12 Nach griechischem Original: Kopf der Athene mit Maske der Medusa. Gipsabguß. Original hellenistisch.

Das Original, das gegen Ende des 18. Jahrhunderts in Rom aufgefunden worden war, kam über den englischen Altertumsforscher und Diplomaten Lord William Hamilton und den Bildhauer Antonio Canova in die Werkstatt von Christian Daniel Rauch und Friedrich Tieck. Im April 1824 hatte Tieck den Gipsabguß an Goethe gesandt. Gegen Mitte des Monats hält Goethe in dem Konzept eines nicht abgesandten Briefes an Tieck fest: »Auch das kleine Köpfchen ist sehr dankenswert, eine Gesichtsbildung die an Venus erinnert trägt das Brustbild der Minerva als Helm und Hauptschmuck und die Flügel gehören offenbar dieser Medusenmaske zu, sie sind auf eine so geschickte Weise gestellt daß sie gewissermaßen dem Köpfchen selbst angehören könnten.«

13 Nach griechischem Original: Fragment eines Kronos. Gipsabguß. Original unbekannt.

14 Nach griechischem Original: Relief mit jungem Bacchus in der Wiege. Gipsabguß. Original 3. Jh.(?).

»Dies ist eine der antiken Darstellungen, deren Vollkommenheit mich immer verfolgt, seit ich sie aus Winckelmanns Monumenti inediti kenne«. Mit diesen Worten gab Goethe seiner an Peter Christian Wilhelm Beuth in Berlin gerichteten Bitte vom 9. Juni 1827 um einen Abguß von dem Terrakottarelief im Britischen Museum in London Nachdruck. Am 19. Juli 1827 ist die Ankunft des Basreliefs in Goethes Tagebuch vermerkt.

15 Johann Heinrich Dannecker (1758–1841): Büste Friedrich Schiller. Gipsabguß. Original 1794.

Der Abguß geht auf die erste Schillerbüste Danneckers zurück, die Grundlage aller späteren Schillerporträts des Bildhauers. Dannecker hatte auf Wunsch des Dichterfreundes im Frühjahr 1794 das Tonmodell geschaffen und im Herbst einen überarbeiteten Gipsabguß an Schiller gesandt.

Goethe machte 1797 auf seiner Reise in die Schweiz in Stuttgart Station und besuchte Dannecker in seinem Atelier im Schloß. Am 30. August schreibt er an Schiller: »Was mich aber besonders frappierte, war der Originalausguß von Ihrer Büste, der eine solche Wahrheit und Ausführlichkeit hat, daß er wirklich Erstaunen erregt. Der Ausguß, den Sie besitzen läßt diese Arbeit wirklich nicht ahnden. Der Marmor ist darnach angelegt und wenn die Ausführung so gerät, so gibt es ein sehr bedeutendes Bild.«

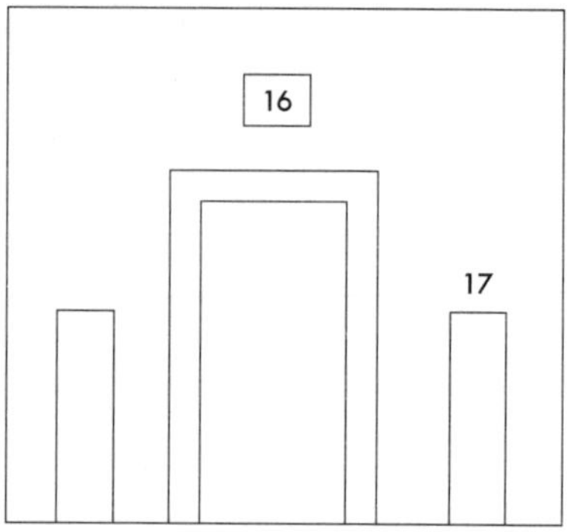

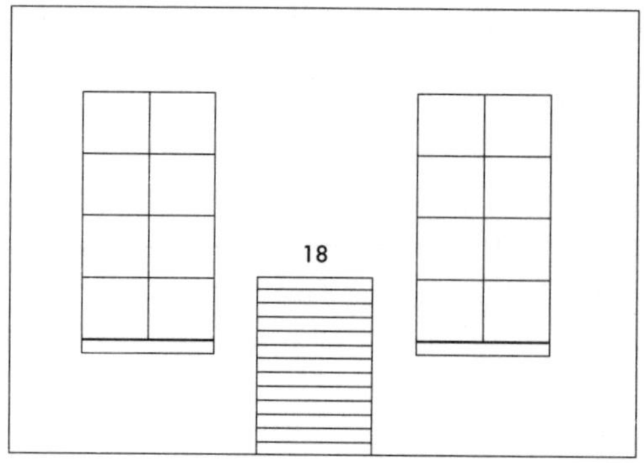

16 Nach griechischem Original: Fragment einer kolossalen Jupitermaske. Gipsabguß. Original unbekannt.

17 Alexander Trippel (1744–1793): Bildnisbüste Johann Gottfried Herder. Marmor. 1790.

Im Dezember 1788 war die Marmorbüste von Herzogin Anna Amalia in Rom bei dem Schweizer Bildhauer in Auftrag gegeben worden. Im Juni 1790 hatte Trippel die Büste fertiggestellt. Sie war ursprünglich für die Herzogliche Bibliothek bestimmt, kam jedoch zerbrochen in Weimar an. Goethe übernahm die Bruchstücke und ließ sie zusammenfügen. Für die Bibliothek fertigte Trippel eine Replik, die die künstlerische Qualität der Erstfassung nicht erreichte.

18 Nach römischer Kopie eines griechischen Originals: Büste des jugendlichen Dionysos. Gipsabguß, getönt. Original wahrscheinlich 2. Hälfte 4. Jh. v. Chr.

Das Marmorbild befindet sich in den Kapitolinischen Museen in Rom.

In der Mitte des Raumes:

19 Nach griechischem Original: Torso eines Knaben, sog. Ilioneus. Gipsabguß, getönt. Original 2. Hälfte 4. Jh. v. Chr.

Unter dem 28. August des Jahres 1829 notiert Goethe in seinem Tagebuch: »Der Niobe Sohn, gesendet von Ihro Majestät dem König von Bayern. War von Oberbaudirektor Coudray gar gut aufgestellt.« Ludwig I. hatte den Gipsabguß nach dem Marmororiginal in der Münchner Glyptothek dem greisen Dichter zu dessen 80. Geburtstag zum Geschenk gemacht.

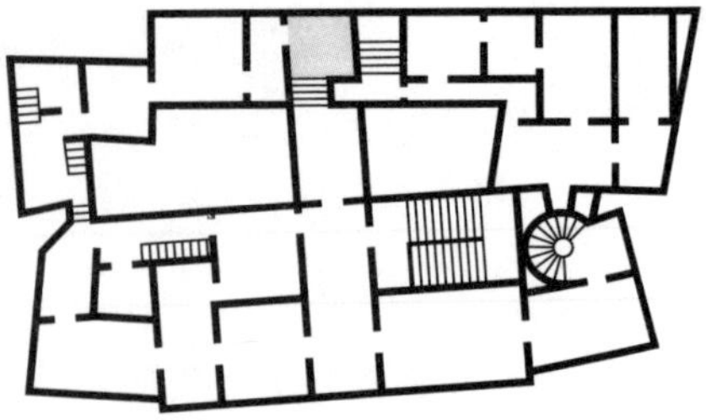

Unmittelbar am Garten gelegen, bietet der Raum über die mit einer Treppe versehene Holzveranda den erwünschten Zugang zur Natur. Die Verbindung zu den Räumen der Familie, den sogenannten Christianezimmern, ist erst nach dem Tod von Goethes Frau geschaffen worden. Zwei im Düsseldorfer Goethe-Museum aufbewahrte Grundriß-Skizzen aus dem Jahr 1814 von der Hand Carl Friedrich Zelters belegen dies. Zelter, Komponist und Leiter der Berliner Liedertafel, war in seiner Jugend als Maurer und Baumeister ausgebildet worden und dann in der Nachfolge seines Vaters als Bauunternehmer tätig. So nimmt es nicht wunder, daß die von ihm gefertigten Grundrisse von großer Exaktheit sind. Sie bilden für die Jahre bis 1832 die einzigen Belege dieser Art für das Haus. Zu den Christianezimmern hatte Zelter offensichtlich keinen Zutritt.

Durch die Mitteilungen von Zeitgenossen, durch Goethes Briefe und Tagebuchaufzeichnungen ist gesichert, daß die heutige Aufstellung der Plastiken weitgehend mit der in Goethes letzten Lebensjahrzehnten identisch ist. Das Gartenzimmer wurde von ihm gern für vertrauliche Gespräche mit seinen Gästen genutzt.

1 Friedrich Tieck (1776–1851): Bildnismedaillon Karl Ludwig von Knebel. Gipsabguß. 1820.

Tieck modellierte das Relief im August 1820 während mehrerer Zusammenkünfte mit Goethe und dessen »Urfreund« Karl Ludwig von Knebel in Jena. Einige Wochen später schickte der Berliner Bildhauer dem verehrten Dichter sechs Abgüsse des Medaillons. Von diesen bestimmte Goethe einen für die Bibliothek, einen hängte er in seinem »Lararium« auf, und vier übersandte er dem vertrauten Freund zum Geburtstag. Goethe wie Knebel waren von dem Bildnis sehr angetan. Noch im Dezember des Jahres 1820 bestellte Goethe eine Marmorausführung des Medaillons mit kleinen Variationen für die Bibliothek.

2 Friedrich Tieck: Bildnismedaillon Alexander von Humboldt. Gipsabguß. Original 1828.

Tieck schuf das Relief mit dem Bildnis Alexander von Humboldts in Anlehnung an die von Christian Daniel Rauch 1823 modellierte Büste des Naturforschers. Es diente als Vorlage für eine Ehrenmedaille. Rauch berichtete Goethe, der seit 1794 mit Alexander von Humboldt bekannt war, in einem Brief vom 18. Januar 1828 ausführlich über dieses Vorhaben.

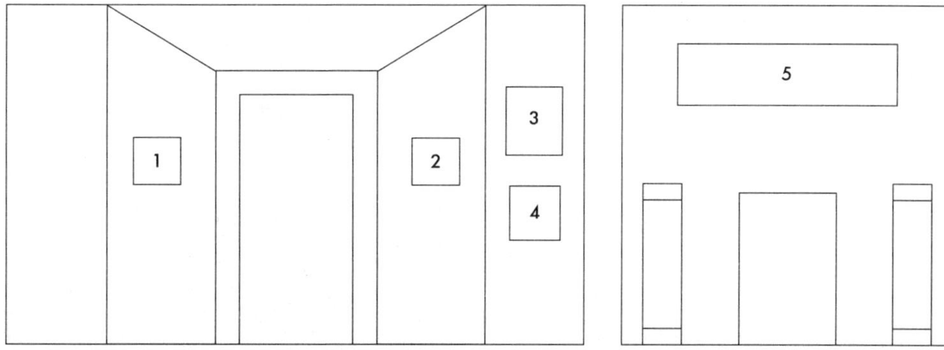

3 Johann Peter Kauffmann (1764–1829): Basrelief Jason und Medea. Gipsabguß. 1826.

Der Weimarer Hofbildhauer Johann Peter Kauffmann fertigte das Relief nach einer Zeichnung Johann Heinrich Meyers. Mindestens seit Anfang August 1826 beschäftigte sich Goethe intensiv mit der auf einen antiken Mythos zurückgehenden Thematik. Am 7. August hatte ihm Meyer eine Zeichnung versprochen. Es folgten mehrere Gespräche, bis Goethe am 23. September das Basrelief in Auftrag gab. Fünf Tage später hält Goethe im Tagebuch fest: »Hofbildhauer Kaufmann. Verabredung wegen Jason und Medea.«

4 Christian Daniel Rauch (1777–1857): Reliefentwurf zu einer Ehrenmedaille für Alexander von Humboldt. Gipsabguß. Original 1828.

Goethe, den seit dem Sommer 1820 ein enges Verhältnis mit Rauch verband, nahm regen Anteil an den plastischen Arbeiten des Berliner Bildhauers. Bei dem Gipsrelief handelt es sich um die im Brief Goethes vom 11. März 1828 von Rauch erbetene »Skizze zu der Humboldtschen Medaille«. Rauch hatte Goethe Mitte Januar ausführlich über das Projekt einer Ehrenmedaille für den Gelehrten informiert. Friedrich Tieck modellierte das Bildnis für die Vorderseite, während Rauch die allegorische Darstellung auf der Rückseite übernommen hatte. Gefertigt wurde die Ehrenmedaille von dem Medailleur Heinrich Brandt.

5 Christian Daniel Rauch: Basrelief Abschied und Aufbruch. Gipsabguß. Original 1826. Abguß 1829.

Am 18. Juni 1826 wurde Rauchs Denkmal des Fürsten Blücher neben dem Berliner Opernhaus enthüllt. Auf Goethes Wunsch hin sandte ihm Rauch zwei Abgüsse von Feldern des Basreliefs am Piedestal des Denkmals für den bekannten Feldherrn – 1828 das »Biwak«, ein Jahr später »Abschied und Aufbruch«.

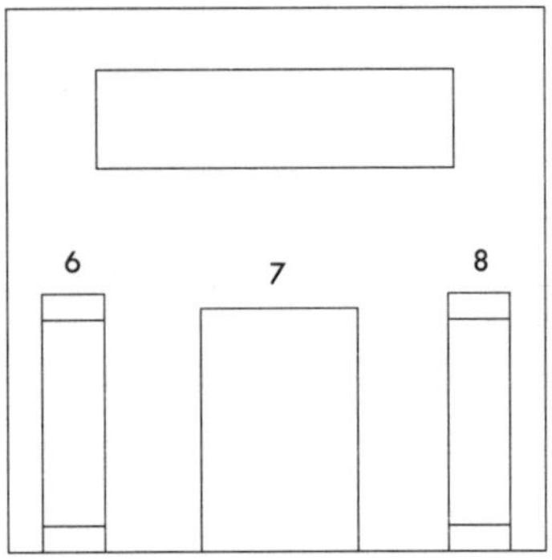

6 Nach römischer Kopie des griechischen Originals von Leochares (4. Jh. v. Chr.): Büste des Apoll vom Belvedere. Gipsabguß, getönt. Original um 330/320 v. Chr. Abguß mit verkleinertem Bruststück. Siehe auch Büste des Apoll von Belvedere im Treppenhaus (Nr. 4).

7 Nach römischem Original: Büste der Klytia. Gipsabguß, getönt. Original 40–60 n. Chr. Abguß nach 1793.

Es handelt sich um den zweiten Abguß von der berühmten Marmorbüste, den der Göttinger Naturforscher Johann Friedrich Blumenbach an Goethe sandte, nachdem der erste beschädigt angekommen war. (Vgl. Gelber Saal, Nr. 3.) Goethe hatte Blumenbach gebeten, diesmal für einen stärkeren Guß zu sorgen und die Gußnähte nicht verputzen zu lassen.

8 Friedrich Tieck (1776–1851): Büste der Minerva. Gipsabguß, getönt. 1803.

Am 4. Januar 1804 schreibt Tieck an Goethe: »Ich habe den Kopf der von mir jetzt gemachten Minerva nochmals abformen lassen, und nehme mir die Freiheit, Ihnen hier einen Abguß zu überschicken, um ehe also die Figuren aufgestellt, Ihre mir so teure Meinung zu hören.« Dieser wohl einzige Abguß, dessen Gußnähte Tieck nicht übermodellierte, stammt von der Statue der Minerva, die der Bildhauer neben drei weiteren Götterstatuen für das Treppenhaus des Weimarer Schlosses geschaffen hatte.

Johann Heinrich Meyer:
Christiane Vulpius und
der kleine August, 1792/93

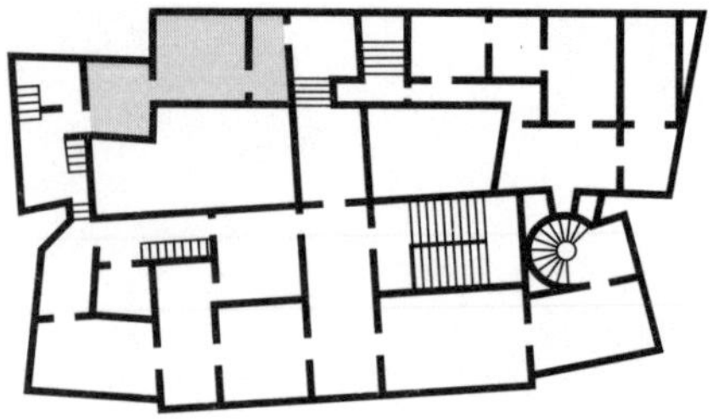

Die Tür linker Hand vom Ausgang zum Altan führt in die sogenannten Christianezimmer, drei östlich vom Gartenzimmer gelegene Räume des Hinterhauses. An ein Vorzimmer reihen sich zwei größere Räume mit Fenstern zur Hof- und zur Gartenseite an. Bewohnt wurden diese Räume von Goethes Frau Christiane, geb. Vulpius. Nach ihrem Tode sind sie von Goethe anders genutzt worden. Das Goethe-Nationalmuseum zeigte in ihnen um 1900 wechselnde Ausstellungen aus dem Bestand von Goethes Kunstsammlung. Seit Juni 1954 erinnert eine ständige Ausstellung mit Mobiliar und Gegenständen aus Goetheschem Familienbesitz an die Zeit, die Christiane von Goethe hier verbrachte.

1 Caroline Bardua (1781–1864): August von Goethe. Öl auf Leinwand. 1807.

Goethes Sohn ist auf dem Porträt als Student dargestellt.

2 Caroline Bardua: Christian August Vulpius. Öl auf Leinwand. 1807.

Der Bruder Christianes war als Schriftsteller und Bibliothekar tätig. In der Weimarer Bibliothek arbeitete er viele Jahre unter der Leitung Goethes.

3 Heinrich Müller (1793–1866): Johann Heinrich Meyer. Öl auf Leinwand. Um 1800. (Abb. S. 63)

Vom November 1791 bis zu seiner Verheiratung im Dezember 1802 lebte Meyer im Goetheschen Hause. Bei der häufigen Abwesenheit des Hausherrn übernahm er den Schutz der »kleinen, nicht eben heiligen Familie« Goethes.

4 Carl Gottlieb Weisser (1780–1815): Christiane Johanna Sophie von Goethe. Gipsbüste. 1812.

Der weimarische Hofbildhauer modellierte Goethes Ehefrau im Alter von 48 Jahren.

5 Friedrich Bury (1763–1823): Johann Wolfgang von Goethe. Kreide in Schwarz. 1800. (Abb. S. 64)

Während seines Besuches in Weimar schuf Friedrich Bury u.a. Goethes Bildnis in Kreide und, als Pendant, das seiner Lebensgefährtin Christiane Vulpius. Begonnen wurde die Zeichnung am 22. Februar 1800.

6 Friedrich Bury: Christiane Vulpius. Kreide in Schwarz. 1800. (Abb. S. 65)

In der Vitrine, links oben:

Brief Goethes an Christiane Vulpius vom 21. August 1792. Geschrieben auf der Reise ins Feldlager Herzog Carl Augusts während der Campagne in Frankreich:

»Heute geh ich, liebe Kleine, von Franckfurt ab und nach Maynz. Ich muß dir nur sagen daß mir recht wohl gegangen ist, nur daß ich zuviel habe essen und trinken müssen. Es wird mir aber noch besser schmecken wenn mein lieber Küchenschatz die Speisen zubereiten wird. Das Judenkrämchen geht auch heute ab und wird nicht lange nach diesem Briefe eintreffen. Ich wünschte ein Mäuschen zu sein und beim Auspacken zuzusehen. Es hat mir recht viel Freude beim Einpacken gemacht. Hebe nur alles wohl auf. Adieu mein liebes Kind. Äugelchen hat es gar nicht gesetzt. Behalte mich nur so lieb wie ich dich. Adieu grüße Herrn Meyern, küsse den Kleinen und schreibe mir bald.«

Links unten:

Brief von Goethes Mutter Katharina Elisabeth Goethe, geb. Textor, an Goethe vom 17. April 1807:

»Lieber Sohn! Dein Brief welcher die glückliche Ankunft meiner Lieben, Lieben Tochter mir verküntigte hat mir Hertz und Angesicht frölich gemacht – Ja wir waren sehr vergnügt und glücklich beyeinander! Du kannst Gott dancken! So ein Liebes – herrliches unverdorbenes Gottes Geschöpf findet mann sehr selten – wie beruhigt bin ich jetzt |: da ich Sie genau kenne :| über alles was dich angeht – und was mir unaussprechlich wohl that, war, daß alle Menschen – alle meine Bekandten Sie liebten – es war eine solche Hertzlichkeit unter ihnen – die nach 10 Jähriger Bekandtschaft nicht inniger hätte seyn können – mit einem Wort es war ein glücklicher Gedancke Sich mir und allen meinen Freunden zu zeigen alle vereinigten sich mit mir dich glücklich zu preißen – und

7 Tischvitrine.

Heinrich Müller:
Johann Heinrich Meyer

Friedrich Bury:
Johann Wolfgang von Goethe

wünschen Euch Leben – Gesundheit – und alles Gute was Euch vergnügt und froh machen kan Amen. Die Schriefen werden mit Jubel empfangen werden – den 1ten Band kriege ich nun einmahl nicht satt! die 3 Reuter die unter dem Bett hervorkommen, die sehe ich leibhaftig – die Braut von Corindt – die Bajadere – Tagelang – Nächte lang stand mein Schief befrachtet – der Zauberlehrling – der Rattenfänger u alle andre das macht mich unaussprechlich glücklich – meinen besten Dank davor. Meine Liebe Tochter wird eine Freude haben über das Kleid das die Stocks verfertigt haben – ein Kaufmann überbringts Ihr. Die Meße war nicht gantz schlecht – verschiedne Waren gingen starck ab – müßten froh seyn daß die Sache noch so ist. Sonst ist alles still – unser Fürst kommt im May – Einquartirung haben wir wegen der Durchmärsche fast täglich – mann wird aber alles gewohnt – und macht sich nicht mehr draus. Grüße meine Liebe Tochter hertzlich, und dancke Ihr nochmahls vor das Vergnügen das Sie mir und meinen Freunden gewährt hat – auch den lieben Augst grüße auf freundlichste – Lebe wohl! Behaltet lieb Eure Euch sambt u sonders liebende Mutter und Großmutter Goethe.«

In der Mitte:

Carl Wilhelm Lieber (1791–1861) nach Johann Wolfgang von Goethe: Der Hausgarten. Aus: Radierte Blätter nach Handzeichnungen von Goethe, herausgegeben von C. A. Schwerdtgeburth, Weimar 1821, Blatt II. Radierung. 1821. Auf dem Blatt werden Christiane und ihr Söhnchen August in idealisierender Darstellung im Hausgarten wiedergegeben. Goethe hat die Radierung mit folgenden Versen versehen:

»Hier sind wir denn vorerst ganz still zu Haus,
Von Tür zu Türe sieht es lieblich aus;
Der Künstler froh die stillen Blicke hegt,
Wo Leben sich zum Leben freundlich regt.
Und wie wir auch durch ferne Lande ziehn,
Da kommt es her, da kehrt es wieder hin;
Wir wenden uns, wie auch die Welt entzücke,
Der Enge zu, die uns allein beglücke.«

Rechts oben:
Schreibkalender Christiane von Goethes aus dem Jahr 1815 mit eigenhändigen Eintragungen.
Rechts unten:
Brief von Christiane Vulpius an Goethe vom 21./22. Februar 1797:

»Dienstags Abend, den 21.

Ich und Dein liebes Bübchen sind glücklich und wohl wieder zu Hause angelangt, die Ernestine und Werners kamen uns bis Umpferstedt entgegen. Heute den ganzen Tag habe ich mich ⟨mit⟩ der Reinlichkeit Deiner Zimmer beschäftigt und bin in der Komödie gewesen. Morgen werden vom ganzen Hause die Vorhänge gewaschen und den Donnerstag gebügelt, und überhaupt habe ich mir diese Woche vorgenommen, das Haus vom Boden bis runter in Ordnung zu bringen, den Sonntag mich mit dem roten Kleid zu putzen und künftige Woche die Aufsätzchen in Ordnung zu bringen, und alsdann das Übrige wird sich finden. Stell Dir vor, wie lieb Dich Deine beiden Hasen haben: wie Du in Kötschau von uns weg warst, gingen mir raus und sahen auf dem Berg Deine Kutsche fahren, da fingen mir alle beide eins an zu heulen und sagten beide, es wäre uns so wunderlich.

Der Kleine läßt Dich grüßen, er ist heute bei Gakala gewesen.

Mittewoche, den 22.

Hier schicke ich Dir, was Du verlangst, die Uhr, das Buch und 6 Bouteillen Wein. Es folgt auch das Geld; ich habe 10 Stück Laubtaler raus genommen, weil der Tapezier vor Pferdehaare, Leinwand, Garn, Nägel und Macherlohn für die Stühle und das Kanapée 14 bis 15 Taler haben will. Ich habe es nachgerechnet, und sie kommen uns doch nicht so theuer wie die vorigen.

Ich wünsche Dir, daß der Herr von Sckenfuhs ⟨Figur Graf von Schneckenfuß in *Wilhelm Meisters Lehrjahren*⟩ bei Dir einkehren möchte und Dir die allerbeste und förderseligste Laune zum Gedicht mitbringe.

Leb wohl und behalt lieb Dein kleines Naturwesen.«

Friedrich Bury:
Christiane Vulpius

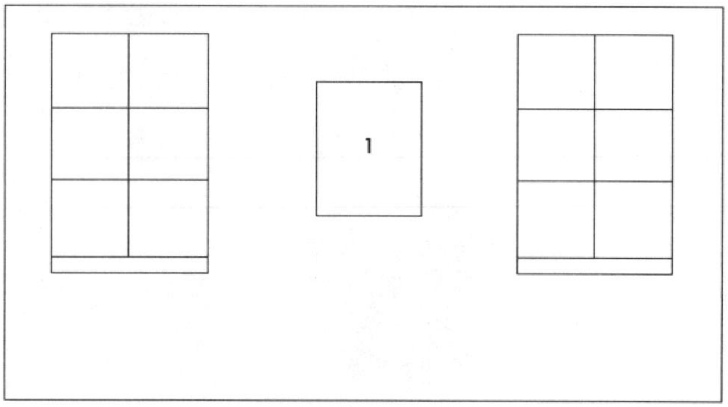

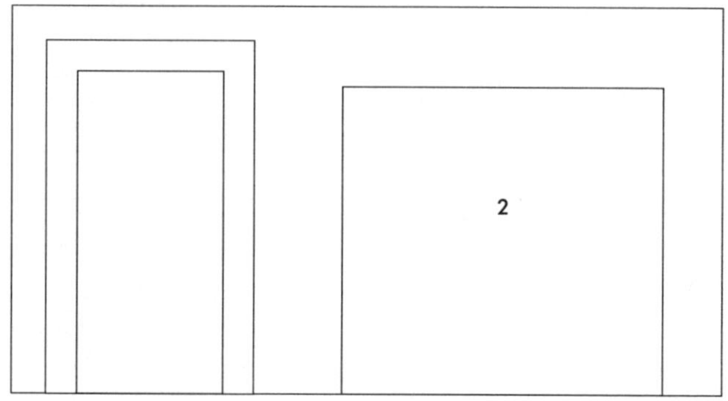

1 Angelika Kauffmann (1741–1807): Johann Wolfgang von Goethe. Öl auf Leinwand. 1787/88.

Während Angelika Kauffmann in Rom an dem Gemälde arbeitete, zweifelte Goethe an dem Gelingen seines Bildnisses. Sein Urteil in der *Italienischen Reise* unter dem 27. Juni 1787 lautet: »Es ist immer ein hübscher Bursche, aber keine Spur von mir.« Johann Gottfried Herder hingegen fand, daß die Malerin, »die zarte Seele«, Goethe so gemalt habe, wie sie ihn sah, aber dennoch nicht unähnlich.

2 Konservierungsschrank.

Der Schrank enthält Goethes Frack mit dem russischen Sankt-Annen-Orden, seinen Zylinder und seinen Reisemantel.

3 Johann Heinrich Meyer (1759–1832): Christiane und der kleine August. Aquarell, Pinsel und Graphit. 1792/93 (Abb. S. 61)

Meyer wählte für den Bildaufbau Raffaels Madonna della Sedia (Palazzo Pitti, Florenz) zur Vorlage. Am 14. Juni 1793 schrieb er über das Doppelporträt an Goethe, die »geneigte Stellung« mache »das Werk sehr schwer«.

4 Tischvitrine.

In der Vitrine, links:

Johann Wolfgang von Goethe: Christiane Vulpius. Bleistift, Feder mit Sepia. 1788/89.

Mitte:

Johann Wolfgang von Goethe: *Gefunden*. Erste und zweite Fassung.

Goethe feierte in diesem Gedicht die erste Begegnung mit Christiane. Die zweite Fassung schenkte er ihr 1813 anläßlich des fünfundzwanzigjährigen Bestehens ihres Lebensbundes.

Rechts:

Johann Wolfgang von Goethe: Christiane Vulpius. Graphit, Feder mit Sepia. Um 1788/89.

Goethe hat Christiane häufig gezeichnet. In seinem Werk »Goethe als bildender Künstler« (Stuttgart/Berlin 1932) bezeichnet Arnold Federmann die Beziehung Goethes zu Christiane als wichtigen Impuls für die Fortführung seiner Zeichenkunst nach der ita-

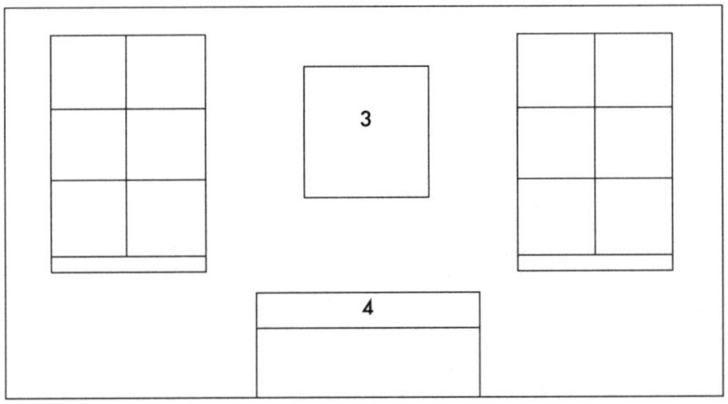

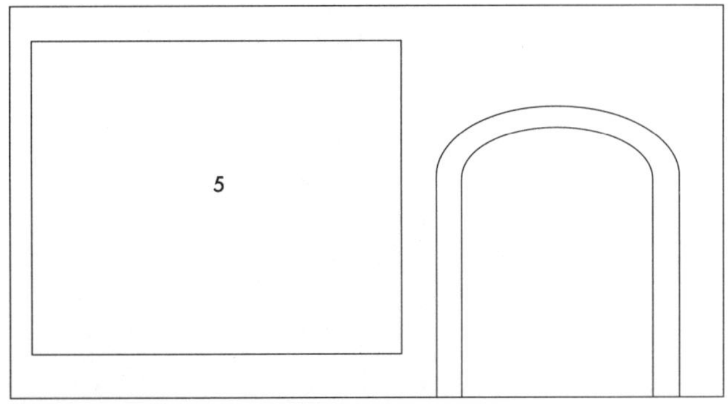

lienischen Reise: »Der Liebe zu Christiane ⟨...⟩ verdanken wir es, daß die alte Leidenschaft für das Zeichnen nicht einschlief.«

Der Teppich aus Goetheschem Familienbesitz ist eines der wenigen erhaltenen Stücke dieser Qualität aus dem frühen 16. Jahrhundert. Verwendung fand er bei hohen familiären Ereignissen. Es ist überliefert, daß Goethes Eltern am 20. August 1748 auf ihm getraut wurden, Goethes Taufe darauf stattfand und sein Sarg bei der Trauerfeier in der Fürstengruft am 26. März 1832 darauf aufgebahrt war. Ob der Teppich noch vor dem Tod von Goethes Mutter im Jahre 1808 nach Weimar gelangte, blieb bisher ungeklärt. Sicher ist, daß er bei der Trauung des Sohnes August mit Ottilie von Pogwisch (1817) und bei der Taufe der Enkel Walther, Wolfgang und Alma verwendet wurde.

1886 wurde der Teppich, sicher in Unkenntnis seiner kultur- und familiengeschichtlichen Bedeutung, von den Intestaterben verkauft. Erst 1936 kehrte er über mehrere Umwege, inzwischen stark restaurierungsbedürftig, wieder ins Goethehaus zurück (nach einer Mitteilung von Ulrike Müller-Harang, Weimar).

Für die außerordentlich aufwendige und komplizierte Instandsetzung wurde die erfahrene fünfundsechzigjährige Berliner Textilrestauratorin Mizi Donner gewonnen. Im März 1943 war das langwierige Restaurierungsvorhaben beendet. Der Teppich kehrte zurück, mußte aber während der restlichen Kriegsjahre gesichert im Depot bleiben. Erst mit der Wiedereröffnung des Goethehauses 1949 konnte der Teppich zum ersten Mal ausgestellt werden.

5 Teppich, Webdecke: Gewebebindung Samit, Kette Hanf oder Leinen mit Wollschuß und Broschierschüssen, zusätzlich Metallbroschierschuß, Borten auf den Schmalseiten angewebt, auf den Längsseiten angenäht. 15./16. Jh.

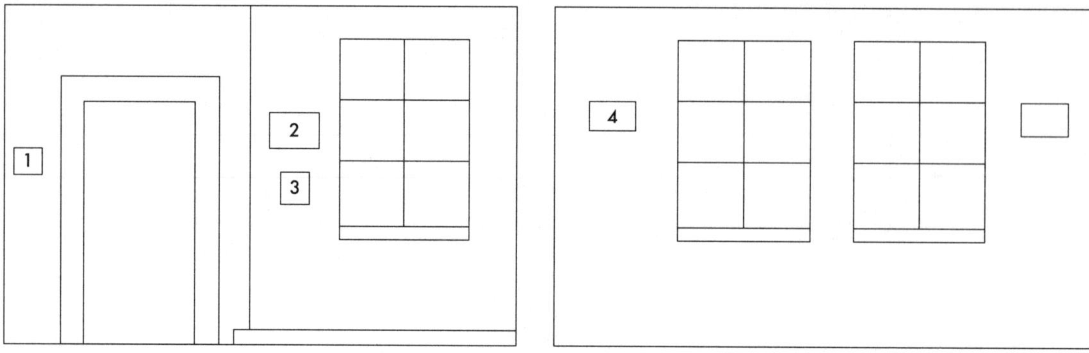

Die Einrichtung ist wie im Vorzimmer und in der Großen Stube museal. Ansichten von Karlsbad, Bad Lauchstädt und Bad Berka erinnern an Badekuren von Christiane und Goethe, Zeichnungen Goethes an die Zeit der ersten Begegnungen in seinem damaligen Domizil, dem Gartenhaus. Auf dem kleinen Podest mit einem Tischchen und Stühlen liegt ein handgestickter Teppich, den Ottilie von Goethe zusammen mit ihrer Tochter Alma angefertigt hat. Die Kommode, wie der darüber hängende Spiegel birnbaumfurniert, ist als »Wasch-und Nachttisch« ausgestattet.

1 Friedrich August Scheureck: Die Neue Allee am Großen Teich in Lauchstädt. Radierung, koloriert. Um 1790.

2 Johann Heinrich Lips (1758–1817): Christiane Vulpius. Graphit- und Kreidezeichnung. Um 1790.

Lips war durch Goethes Bemühungen nach Weimar gekommen und dort von 1789 bis 1794 an der Freien Zeichenschule tätig. Gezeichnet hat er Christiane in Goethes Stadtwohnung im Jägerhaus.

3 Unbekannter Künstler: Nicolaus Meyer. Pastell. 1801(?).

Nicolaus Meyer (1775–1855) aus Bremen studierte in Jena Medizin und war seit Ende 1799 ein häufiger Gast in Goethes Haus. Zwischen ihm und Christiane entwickelte sich eine herzliche Freundschaft.

4 C. Hoy: Bade- und Gesellschaftshaus in Bad Berka. Lithographie, koloriert. Um 1830.

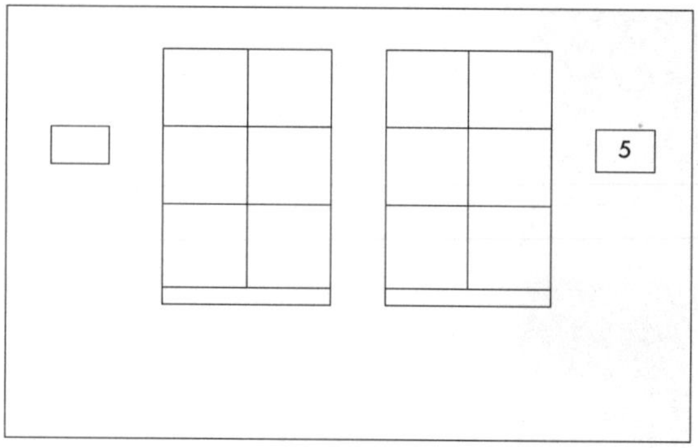

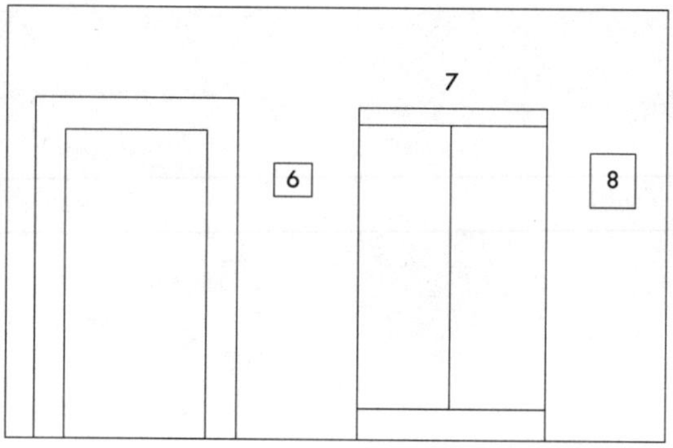

5 Eduard Gurk (1801–1841): Am Sprudelbrunnen in Karlsbad. Aquatinta, koloriert. Um 1830.

6 Carl Benjamin Schwarz (1757–1813): Der neue Tanzsaal und der Brunnen in Lauchstädt. Radierung, koloriert. 1785.

7 Schrank.

Hier sind persönliche Erinnerungsstücke ausgestellt, u.a.:

– Carl Joseph Raabe (1780–1846): Caroline Riemer, geb. Ulrich. Deckenfarben auf Elfenbein. 1811.
  Das Miniaturbildnis zeigt Caroline Riemer, die vor ihrer Verheiratung mit Goethes Sekretär Friedrich Wilhelm Riemer mehrere Jahre als Christianes Gesellschafterin im Hause wohnte.
– Notizbuch. Blaue Seide, bestickt mit floralem Dekor. Rückseite beschriftet: »Der Gaben kleinste veredelt Liebe«.
– Straußenfeder. Aus Christianes Besitz.
– Kartenspiel. 54 Blatt, »verfertigt von Joh. Ernst Backofek«.

8 Carl Joseph Raabe (1780–1846): August von Goethe. Öl auf Leinwand. 1811.

Während seines Aufenthaltes am Weimarer Hof im Jahre 1811 schuf Raabe auch Miniaturbildnisse von Goethe und seiner Frau Christiane, die sich ebenfalls im Besitz des Goethe-Nationalmuseums befinden.

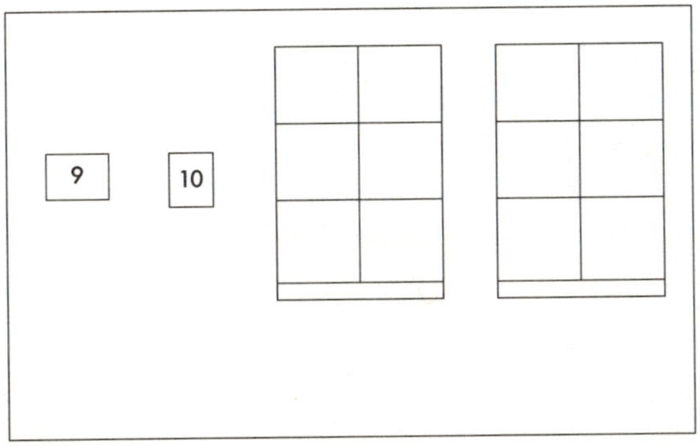

9 Johann Wolfgang von Goethe: Goethes Gartenhaus von der Rückseite. Graphit, Feder mit Tusche und Bister, Bister- und Tuschlavierung, blaue Wasserfarbe. 1779/80.

Links vom Fenster:
10 Johann Wolfgang von Goethe: Christiane Vulpius, auf einem Sofa schlafend. Graphit. 1788.

»Auf dem Saale fand ich nicht das Mädchen,
Fand das Mädchen nicht in ihrer Stube,
Endlich da ich leis die Kammer öffne,
Find' ich sie gar zierlich eingeschlafen,
Angekleidet, auf dem Sopha liegen.«
(Aus Goethes Gedicht *Der Besuch*)

Von den Christianezimmern gelangt man durch einen Gang zu der linker Hand gelegenen Kleinen Küche. Die in den Hof hinabführende Treppe hätte bei einem Brand eine zusätzliche Fluchtmöglichkeit geboten und war zudem eine nützliche Transportverbindung zwischen dem im Erdgeschoß gelegenen Wirtschaftstrakt und dem Wohnbereich des Obergeschosses. Der auf dem Gang befindliche Abtritt wurde 1912/13 beseitigt. Die Sturmlaterne fand bei nächtlichen Botengängen oder Besuchen in der Stadt Verwendung.

Kleine Küche

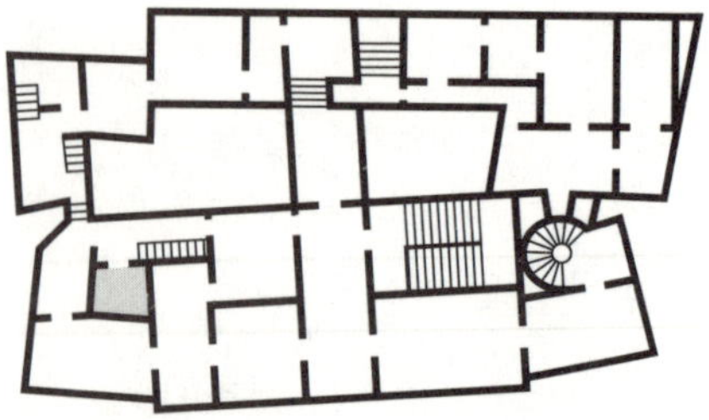

Der nach seiner Hauptfunktion auch Warmhalteküche genannte Raum ist ursprünglich größer gewesen. Die heutige Form erhielt er während der Errichtung des ersten Erweiterungsbaues für das Goethe-Nationalmuseum 1913/14.

Wichtigstes Ausstattungsstück ist der Wärmeofen mit seinen drei übereinandergelagerten Röhren. Drei weitere Möbelstücke sind in einer Handwerkerrechnung aus dem Jahre 1817 genannt: Anrichte, Tisch und Kasten.

Großes Sammlungszimmer,
Ostwand mit dem Bildnis
des Herzogs Carl August

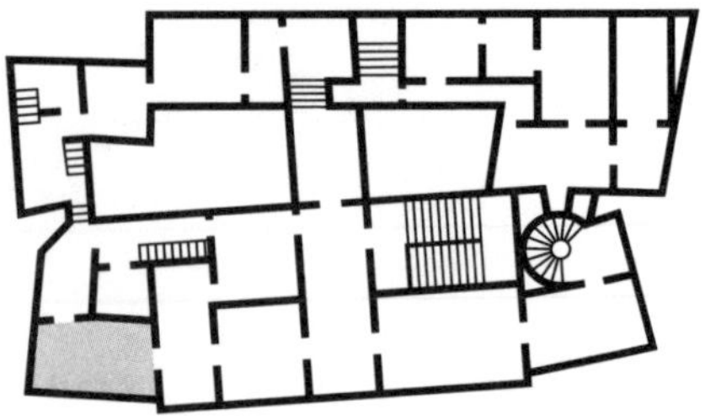

Nach dem Tod von Christiane von Goethe 1816 vollzog sich in den drei östlich vom Gelben Saal gelegenen Zimmern des Vorderhauses ein einschneidender Wandel. Die bis dahin familiär genutzten Räume wurden für die Unterbringung der Kunstsammlung des Dichters eingerichtet.

Nach 1832 wurde das Große Sammlungszimmer zum Hauptmagazin. Die heutige Einrichtung ist museal. Die grüne Wandfarbe, das Weiß der Decke und die Fassungen der Fenster und Türen mit grauer Ölfarbe sind durch schriftliche Überlieferung belegt.

Zu Lebzeiten des Dichters standen in dem Raum Kupferstichrepositorien, ähnlich dem noch im Kleinen Eßzimmer vorhandenen, und zwei Sammlungsschränke, auf denen in der damals üblichen Weise Büsten abgestellt waren. Authentisch ist der Sammlungsschrank, beim großen Mappentisch hingegen, der in seinem Äußeren einem Schreibtisch nicht unähnlich ist, gibt es Zweifel. Die mit klappbaren Platten versehenen Mahagonitischchen vor den Fenstern stammen aus Goethes Besitz.

Der Ofen in Form eines Pyramidenstumpfes, eine Kunstschmiedearbeit aus getriebenem, teilweise bronziertem Kupfer, ist eine Arbeit des Hofkupferschmiedes Johann Gottfried Henniger. Lange Zeit wurde fälschlich der in Jena lebende Hofkupferschmied Christoph Gottlieb Pflug als Hersteller angesehen, bei dem Goethe zwei Öfen in Auftrag gegeben hatte, deren Material aber nicht Kupfer, sondern Eisen war. In einem Brief Goethes an Pflug vom 23. November 1795 heißt es: »Der für mich gearbeitete eiserne Ofen ist besonders gut geraten und was den durchbrochenen Deckel über dem Zylinder betrifft so bin ich mit der hiebei zurückkommenden Zeichnung recht wohl zufrieden, er wird nur von schwarzem Eisenblech wie der Ofen zu machen sein. Was den zweiten Ofen betrifft so halten Sie mit demselbigen noch ein wenig inne, weil ich dazu noch eine andere Zeichnung zu überschicken gedenke.«

1 Johann Heinrich Wilhelm Tischbein (1751–1829): Götz von Berlichingen und der gefangene Weislingen. Szene aus dem 1. Akt des *Götz von Berlichingen.* Öl auf Leinwand. 1782.

Tischbein ist vor allem durch sein Bildnis »Goethe in der Campagna«, von 1786 bis 1788 gemalt (Städelsches Kunstinstitut, Frankfurt a.M.), bekannt geworden. Das Götz-Bild entstand in Zürich und war ein Auftragswerk für Herzog Carl August. In Goethes Kunstsammlung sind darüber hinaus zahlreiche Zeichnungen Tischbeins zum Thema erhalten. Das Gemälde wurde dem Dichter vom Auftraggeber geschenkt.

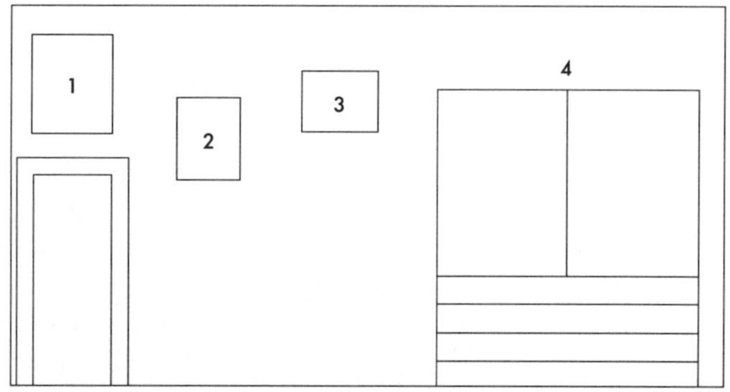

Wie das Bild in Goethes Besitz gelangte, ist nicht ermittelt. Es kam durch die Stiftung Henckel von Donnersmarck-Vulpius 1885 zurück in das Haus, hatte sich also nach Goethes Tod in den Wohnräumen seiner Schwiegertochter und der Enkel befunden.

2 Johann Friedrich August Tischbein (1750–1812): Luise Auguste, Herzogin von Sachsen-Weimar, geb. Prinzessin von Hessen-Darmstadt. Öl auf Leinwand. Um 1805.

3 Hendrik van Balen d.Ä. (1575–1632): Das Urteil des Paris. Öl auf Holz. Kopie. Undatiert.

4 Sammlungsschrank.

Auf dem Sammlungsschrank:
– Friedrich Wilhelm Eugen Doell (1750–1816): Bildnisbüste Herzog August von Sachsen-Gotha und Altenburg (1772–1822). Gips.

Im Sammlungsschrank:

Der Sammlungsschrank enthält in dem verglasten Oberteil eine Auswahl aus Goethes Sammlung antiker, mittelalterlicher und neuzeitlicher Kleinbronzen.

Im oberen Fach:
– Römisch: Zwei schreitende Stiere. Bronzestatuetten auf schwarzem Marmorpostament.

In den Jahren 1810 und 1811 hatte Goethe die eine der Bronzen für 20 Taler, die andere im Tausch gegen Medaillen aus seiner Sammlung erworben. Besonders wichtig war für ihn die Möglichkeit des vergleichenden Studiums der Stücke, »weil es ja bei dergleichen Dingen hauptsächlich auf Einsicht und Urteil, auf Kenntnis der Kunstepochen und Unterscheidung der Zeiten ankommt«, wie es in seinem Dankesbrief vom 18. März 1811 an den Tauschpartner David Friedlaender heißt.

Im mittleren Fach:
- Römisch: Merkur. Bronzestatuette auf grauem Marmorpostament.
- Kopie nach antikem Vorbild: Krieger. Bronzestatuette auf Marmorpostament.
- J. Dinger: Kopie des Freienwalder Zeus. Bronze auf Messingsockel. 1827. Überarbeiteter Nachguß einer römischen Bronzestatuette aus dem 2. Jh. n. Chr.

  Der Nachguß der römischen Bronzestatuette wurde Goethe am 7. Mai 1827 im Auftrag des Kronprinzen Friedrich Wilhelm von Preußen überreicht. Der Bildhauer Dinger aus Solingen hatte im gleichen Jahr die Kopie nach dem im Oderbruch gefundenen und 1810 in den Besitz des Kronprinzen gelangten Original gefertigt.
- Römisch(?): Diana. Bronzestatuette auf Holzpostament.
- Römisch(?): Krieger. Bronzestatuette auf Holzpostament.
- Römisch: Merkur. Bronzestatuette auf Holzpostament.

Im unteren Fach:
- Paduanischer Künstler: Priesterin (sog. Angerona). Bronzestatuette auf Holzpostament. Um 1500.
  Unter dem 16. August 1818 vermerkt Goethe in seinem Tagebuch, daß ihm Johann Baptist Graf von Paar, ein lieber Gesellschafter in Karlsbad, zum Abschied eine »Bronze Statue der Vestalinn« überreicht habe. Goethe dankte ihm mit einem kleinen Gedicht. Noch in Karlsbad fertigte er eine Zeichnung nach dem Original.
- Kopie nach antikem Vorbild(?): Pomona. Bronzestatuette auf Holzpostament. 16. Jh.
- Niedersächsisch (Hildesheim?): Fragment eines Kreuzfußes. Bronze, vergoldet. Silber, nielliert. 1120–1140.
- Kopie nach antikem Vorbild: Venus von Medici. Bronzestatuette auf viereckiger Platte. 16. Jh.
- Kopie nach römischem Vorbild(?): Harpokrates. Bronzestatuette auf Holzpostament. 16. Jh.
- Ägyptisch: Osiris mit der Atefkrone in der mittelägyptischen Form. Bronzestatuette auf Alabastersockel. Spätzeit.
  Vermutlich gehörte die Statuette zu einer Sendung des Berliner Bildhauers Friedrich Tieck vom April 1824. In einem Briefkonzept bedankt sich Goethe »für die ältesten sowohl als für die neusten Kunstwerke« und fügt an, »bei den egyptischen kleinen Götzenbildern« sei »die Ausführlichkeit bewundernswert«.
- Unbekannt: Venus. Bronzestatuette auf Holzpostament. 16. Jh.

Römisch: Krieger

Sammlungsschrank mit antiken, mittelalterlichen und neuzeitlichen Kleinbronzen aus Goethes Besitz

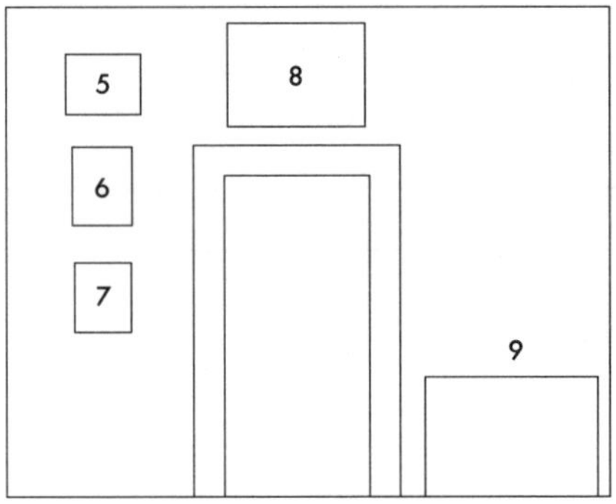

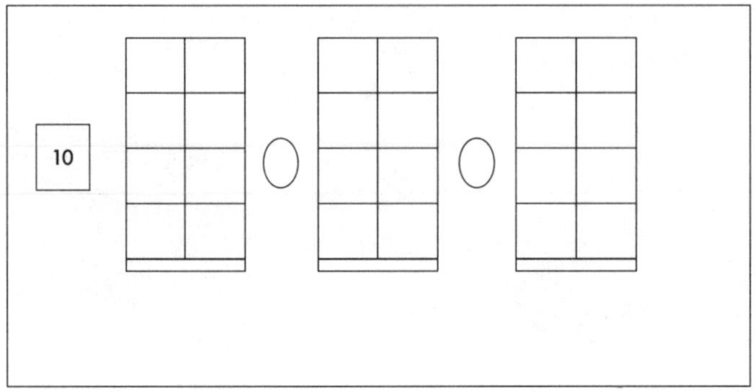

5 Paul Bril (1554–1626) (Zuschreibung): Landschaft mit Cephalos und Procris. Öl auf Leinwand. Undatiert.

Nach Marie Schuette hielt Goethe das Bild für eine Arbeit des Domenico Zampieri, gen. Domenichino. Er kaufte das Bild 1797 von dem Berliner Archäologen Alois Ludwig Hirt, einem in seiner Zeit sehr geschätzten Kunstkenner, mit dem er in Rom persönlich Bekanntschaft geschlossen hatte.

6 Carl Gustav Carus (1789–1869): Tannenwald. Öl auf Leinwand. 1820.

Neben dem »Brockenhaus im Morgenlicht« (vgl. S. 49) machte Carus 1820 das ebenfalls in *Über Kunst und Altertum* (2. Bd., 3. Heft, 1820) angezeigte Gemälde »Tannenwald« Goethe zum Geschenk.

In einem Brief vom 13. Januar 1822 ermunterte Goethe den eng mit Caspar David Friedrich befreundeten Carus, an seinen kunsttheoretischen Aufsätzen über die Landschaftsmalerei weiterzuarbeiten. Erschienen sind Carus' »Neun Briefe über Landschaftsmalerei«, die er in den Jahren 1815 bis 1824 niederschrieb, erst 1831 in Leipzig. Über seine eigene Beschäftigung mit diesem Genre äußert sich Goethe in dem gleichen Brief: »In meiner Kupferstichsammlung habe diesem Kapitel eine große Breite erlaubt und besitze sehr viel erfreulich Belehrendes von der Zeit an, wo die Landschafts-Malerei sich mit der geschichtlichen erst ins Gleichgewicht setzte, dann sich von ihr loslöste, aber noch immer dichterisch blieb, bis sie in der neuern Zeit, nach dem Durchgang durch eine gewisse Manier, sich zu wirklichen Ansichten beinahe ausschließlich herangibt.«

7 Friedrich Preller d.Ä. (1804–1878): Ziegenbock am Wasser. Kopie nach Jakob Philipp Hackert (1737–1807). Original 1776 (Kunstsammlungen zu Weimar). Öl auf Holz. Undatiert.

Friedrich Preller d.Ä., einer der bedeutendsten Schüler der Weimarer Freien Zeichenschule, fand in Goethe einen Förderer seiner Kunst. Die Gemäldekopie ist wahrscheinlich ein Geschenk des Malers an seinen Gönner.

Im Jahr 1797 unternahm Goethe seine dritte Schweizer Reise und hielt sich auf dem Hinwege vom 29. August bis zum 7. September in Stuttgart auf. Hier sah er das Bild bei dem Legationsrat Jacob Friedrich Abel und konnte es dank der Vermittlung von Johann Heinrich Dannecker und dessen Schwager Gottlob Heinrich Rapp käuflich erwerben. Bei seiner Rückkehr aus der Schweiz fand er das Gemälde, das er für einen echten Lorrain hielt, in Weimar vor. Am 27. November 1797 bedankt er sich bei Rapp für die schnelle Übersendung: »Ob es gleich gelitten hat, und hie und da retuschiert sein mag, so ist es mir doch, sowohl wegen der Erfindung der ganzen Anlage als wegen den Resten seiner ersten Schönheit lieb und erfreulich und wird mir immer ein geschätztes Denkmal meiner Reise und meines Aufenthaltes in Stuttgardt bleiben.« Das Original, 1658 entstanden, galt als verschollen. 1983 schrieb Marcel Roethlisberger eine Landschaft mit Heliaden aus Privatbesitz Lorrain zu.

8 Unbekannter Künstler: Die Heliaden auf der Suche nach dem Leichnam des Phaëthon. Kopie nach Claude Gellée, gen. Claude Lorrain (1600–1682). Öl auf Leinwand. Undatiert.

Goethe hatte das monumentale römische Pfeilergrabmal aus rötlichem Buntsandstein, entstanden in der ersten Hälfte des 3. Jahrhunderts n. Chr., bei zwei Aufenthalten in Igel bei Trier während der Campagne in Frankreich 1792 aufmerksam studiert. Das mit reichem plastischem Schmuck verzierte Grabmal war von der ortsansässigen Tuchhändlerfamilie der Secundinier zur Ehrung verstorbener Familienmitglieder und zum Ruhme der Lebenden errichtet worden.

Der Bildhauer Christian Daniel Rauch regte beim Bonner Oberbergamt eine verkleinerte Nachbildung des Monuments an. Der Medailleur Zumpft fertigte in der Eisenhütte zu Sayn das Modell. Goethe erhielt am 11. Mai 1829 über den Bonner Mineralogen Johann Jacob Nöggerath einen in Bronze ausgeführten Guß und bedankte sich am 1. Juni 1829 mit einem Brief und einer umfangreichen Abhandlung *Das römische Denkmal in Igel und seine Bildwerke*, die noch im selben Jahr im Druck erschien.

9 Heinrich Zumpft (Anfang 19. Jh.): Verkleinerte Nachbildung der Igeler Säule. Bronze. 1829 (1922 nach einem Diebstahl durch Eisenguß ersetzt).

Am 18. Januar 1829 schreibt Goethe an Zelter, daß ihm »das Bild einer berühmt-schönen Frascatanerin verehrt worden; man befindet sich vor ihr stehend wie im wohltätigen Sonnenschein. Doch ist es etwas Wunderbares! diese regelmäßigen Züge, diese vollkommene Gesundheit, diese innerliche selbstzufriedene Heiterkeit hat für uns arme nordische Krüppel etwas Beleidigendes«.

10 Unbekannter Künstler: Die Frascatanerin. Öl auf Leinwand. 1. Drittel 19. Jh.

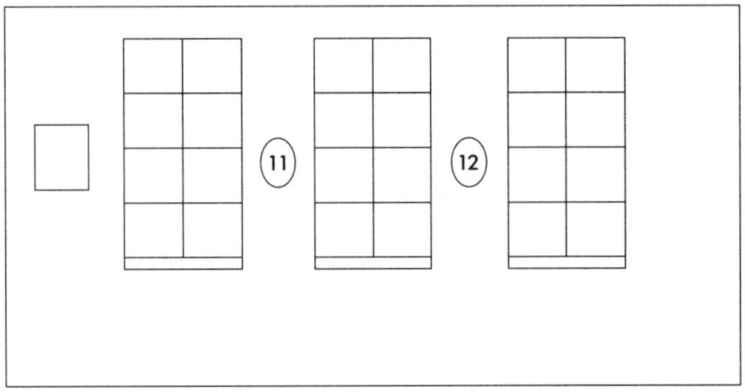

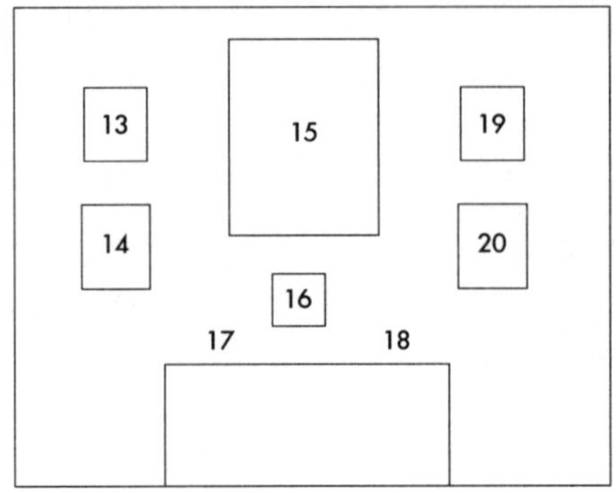

11 Unbekannter Künstler: Relief mit einer Stadtgöttin. Kalkstein. Um 1800.

12 Unbekannter Künstler: Relief mit einer opfernden Frau. Kalkstein. Um 1800.

13 Johann Heinrich Hose (1765–1841): Kopie nach Raffael (1483–1520): Allegorie der Poesie. Original: Deckengemälde in der Stanza della Segnatura im Vatikan, Rom. 1508–1511. Öl auf Leinwand. 1826.

In einem Schreiben vom 1. September 1826 bedankt sich Goethe bei dem in Eisenach als Zeichenlehrer tätigen Hose für das Bild, das als Geburtstagsgabe zu ihm gelangte: »Es ist dem Raphaelischen einzigen Talent gemäß, überall zugleich großartig und anmutig zu sein. Auf das verbindlichste dank ich Ihnen, daß sie meine Umgebung so würdig schmücken wollen«. Den Worten Goethes ist die besondere Freude über die Wahl der Vorlage anzumerken. Von allen Renaissancekünstlern verehrte er Raffael am meisten.

14 Johann Heinrich Tischbein d.Ä. (1722–1789): Anakreon und Sappho. Öl auf Leinwand. 1756.

Das Gemälde aus dem Besitz von Goethes Vater, Johann Kaspar Goethe, ist mit großer Wahrscheinlichkeit nach dem Tode der Mutter, Katharina Elisabeth Goethe, geb. Textor, aus dem Nachlaß nach Weimar gebracht worden. In Kassel befindet sich die großformatige Fassung dieses Motivs, ebenfalls vom sogenannten Kasseler Tischbein gemalt.

15 Heinrich Christoph Kolbe (1771–1836): Carl August, Großherzog von Sachsen-Weimar-Eisenach. Öl auf Leinwand. 1822.

»Maler Kolbe von Düsseldorf stellte hier einige Arbeiten aus, und vollendete verschiedene Portraite; man freute sich diesen wackern Mann, den man schon seit den Weimarischen Kunstausstellungen gekannt, nunmehr persönlich zu schätzen und sich seines Talents zu freuen«, notiert Goethe unter dem Jahr 1822 in den *Tag- und Jahres-Heften.*

Der als Professor an der Düsseldorfer Kunstakademie tätige Kolbe hielt sich von Februar bis Juni 1822 und erneut im Herbst des Jahres in Weimar auf. Neben dem Bildnis des Großherzogs, das dieser dem Dichter schenkte, schuf Kolbe ein Goethe-Bildnis und begann mit den Vorarbeiten zu einem Porträt in ganzer Figur, das er 1826 vollendete und der Jenaer Bibliothek stiftete.

16 Johann Peter Kauffmann (1764–1829): Tarquinius und die Sibylle von Cumae. Ölskizze auf Leinwand. Undatiert.

17 Nach Peter Vischer d.J. (1487–1528): Apostel Petrus vom Sebaldusgrab in Nürnberg. Gipsabguß, getönt. Original 1515/17.

18 Nach Peter Vischer d.J.: Apostel Judas Thaddaeus vom Sebaldusgrab in Nürnberg. Gipsabguß, getönt. Original 1515–1519.

Am 27. März 1813 trafen die Gipsabgüsse der Statuetten, ein Geschenk des Physikers Thomas Johann Seebeck, in Weimar ein. Goethe berichtet darüber in einem Brief vom gleichen Tage an Karl Ludwig von Knebel: »Die Apostel und Propheten vom Grabe Sebaldi in Nürnberg im Abguß, die mir Dr. Seebeck sendet, sind angekommen, aber noch nicht ausgepackt. Eine Wallfahrt zu diesen müßte wohl erbaulich sein.«

19 Unbekannter Künstler: Heilige Elisabeth. Öl auf Leinwand. Undatiert.

Nach Marie Schuette wurde das Gemälde Goethe im Jahr 1814 von seinem Sohn August geschenkt. Es wurde lange Zeit für eine Arbeit von Friedrich Overbeck gehalten.

20 Johann Heinrich Tischbein d.Ä.: Herkules und Omphale. Öl auf Leinwand. 1756. Vgl. Nr. 14, S. 80.

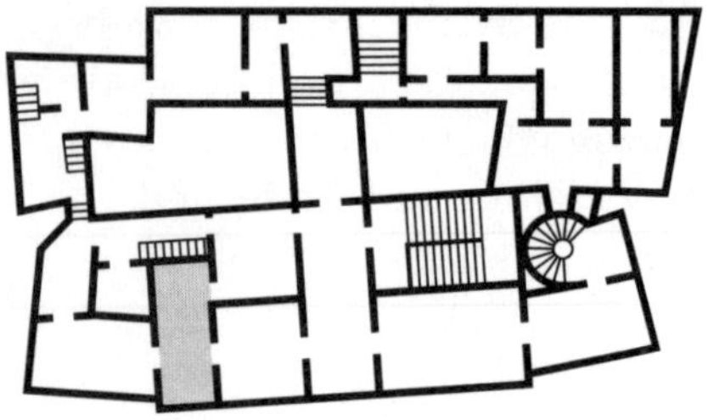

Handwerkerrechnungen belegen, daß der Raum bis zu Christianes Tod 1816 als Schlafzimmer diente. Seit wann er als Sammlungszimmer genutzt wurde, läßt sich nicht genau feststellen. In einer Rechnung von 1816 ist noch vom »Schlafzimmer vorne naus« die Rede, in dem »Decken, Wände, Türen und Bogen anzustreichen« wären. Später wird der Raum dann als »Majolikazimmer« bezeichnet.

Mit Majoliken beschäftigte sich Goethe erstmals 1804 näher. Die Abbildung eines noch in seiner Sammlung vorhandenen Tellers (Die Geburt des Adonis, Venedig um 1550) wurde dem im dritten Band der »Jenaischen Allgemeinen Literatur-Zeitung« 1804 erscheinenden Aufsatz »Über Majolica-Gefäße« seines Freundes Johann Heinrich Meyer als Illustration beigefügt.

Die größten Erwerbungen von Majoliken tätigte Goethe in den Jahren 1816/17 und 1825–1827. Der Physiker Thomas Johann Seebeck vermittelte den Kauf der durch den Nürnberger Sammler Hans Albrecht von Derschau angebotenen Stücke. In einem Brief an Johann Friedrich Rochlitz vom 1. Juni 1817 bewertet Goethe diesen Kauf: »Ich weiß nicht, ob ich schon gemeldet habe, daß meine Vorliebe fürs sechzehnte Jahrhundert mich auch verleitet hat, eine ansehnliche Sammlung Majolika aus Nürnberg mir eigen zu machen, welche glücklich angekommen einen vergnüglichen Anblick geben, dabei aber auch aussagen, daß dergleichen subalterne Kunstwerke nur in Masse können beurteilt werden, wo sowohl ihre Vorzüge als ihre Mängel zur Schau stehen.«

Die letzten Belege über den Ankauf von Majoliken datieren aus dem Jahr 1829. Die Sammlung umfaßt insgesamt 100 Exemplare, die in der Zeit zwischen 1540 und 1600, der Ausgangsperiode der italienischen Majolikaproduktion, in den Werkstätten von Urbino, Venedig und Faenza entstanden sind.

Goethes Tagebücher nennen die genauen Daten der Aufstellung der »Schränke für die Majolika« (19. Februar 1817, 21. November 1825 und 4. Dezember 1827), die nach seinen Vorstellungen von einem Weimarer Tischler gefertigt worden waren. Alle diese Vitrinen sind erhalten und stehen an ihrem ursprünglichen Platz. Im Raum befindet sich außerdem ein mitunter als »Schubladenschrank« bezeichnetes Möbel mit Glasaufsatz, das sich für die Aufbewahrung von Gips- und Bronzereliefs bzw. von Münzen und Medaillen eignete.

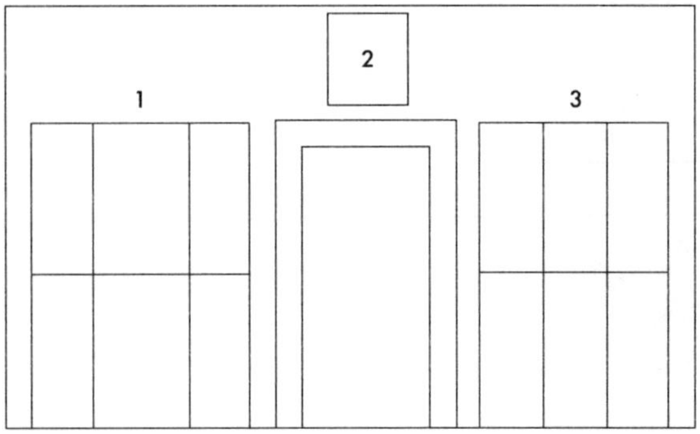

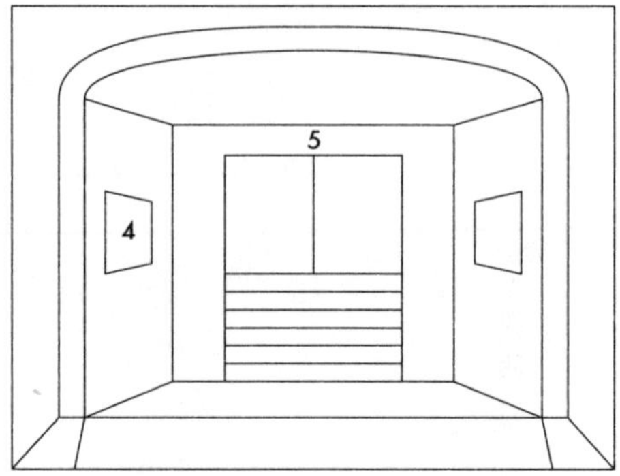

1 Sammlungsschrank.

Auf dem Schrank:

– Friedrich Tieck (1776–1851): Büste Maria Pawlowna von Sachsen-Weimar und Eisenach, geb. Großfürstin von Rußland. Gipsabguß. 1805.

Die Büste entstand vermutlich als Gegenstück zu der ebenfalls mit einem Abguß in Goethes Sammlung vertretenen Porträtbüste des Erbprinzen Carl Friedrich von Sachsen-Weimar und Eisenach, mit dem Maria Pawlowna seit dem 3. August 1804 vermählt war. Gipsabgüsse beider Büsten vertrieb noch Jahre später der Weimarer Hofbildhauer Carl Gottlieb Weisser.

2 Friedrich Rehberg (1758–1835): Landschaft mit Zypressen. Kreidezeichnung, grau laviert. Undatiert.

3 Sammlungsschrank.

Auf dem Schrank:

– Nach Christian Daniel Rauch (1777–1857): Büste Alexandra Feodorowna, Großfürstin von Rußland, geb. Charlotte Prinzessin von Preußen. Gipsabguß. Original 1816.

Einige Tage nach dem Besuch des russischen Großfürstenpaares schreibt Goethe am 14. Juni 1821 an Staatsrat Schultz nach Berlin u.a.: »die liebenswürdige Alexandra versprach mir ihre Büste von Rauch; fragen Sie 〈...〉, ob er sie mir wohl auf mein Wort übersenden möchte«. Die Bildnisbüste geht auf ein zweites Modell aus dem Jahre 1816 zurück, das als Vorlage für eine Vielzahl von Bildnissen der Prinzessin diente.

– Nach Christian Philipp Wolff (1772–1820): Büste Luise, Königin von Preußen. Gipsabguß. Original nach 1810. Zuschreibung von Götz Eckard, Potsdam.

Das Blatt wurde in dem Nürnberger Kunstverlag Johann Friedrich Frauenholz & Co. im Jahr 1811 verlegt. Am unteren rechten Plattenrand befindet sich eine handschriftliche Widmung des Verlegers: »Sr. Exzellenz dem Herrn Minister und Geheimen Rat von Goethe von dessen untertänigsten Verehrer Frauenholz.«

4 Carl Heinrich Rahl (1779–1843) nach Jacob Gauermann (1773–1843): Herrmann und Dorothea am Brunnen. Illustration zum VII. Gesang von Goethes Versepos *Hermann und Dorothea* (1798). Kupferstich. 1811.

Auf dem Schrank:

- Nach Friedrich Wilhelm Eugen Doell (1750–1816): Büste Herzog Bernhard von Sachsen-Weimar. Gipsabguß nach Marmororiginal. Original 1802.

  Der von Goethe sehr geschätzte Hofbildhauer und Inspektor der Kunstsammlungen in Gotha, Doell, hatte zu Beginn des 19. Jahrhunderts mehrere postume Marmorbüsten bedeutender Vertreter des sachsen-weimarischen Fürstenhauses für die Herzogliche Bibliothek gefertigt – darunter die des Herzogs Bernhard von Sachsen-Weimar. Nach dieser ließ sich Goethe vermutlich von einer Weimarer Bildhauerwerkstatt den Abguß herstellen.

Im Schrank:

Der Sammlungsschrank im Alkoven enthält im verglasten Oberteil weitere Objekte aus Goethes Sammlung von Kleinplastiken.

5 Sammlungsschrank.

Im oberen Fach:

- Römisch: Büste des Serapis. Marmor auf Marmorpostament.
- Italienisch: Venus. Bronzestatuette auf Holzpostament. 2. Hälfte 16. Jh.

Im mittleren Fach:

- Römisch: Spolia einer Bacchusherme. Roter Marmor auf Marmorplinthe.
- Italienisch: Büste einer Unbekannten. Terrakotta. 16. Jh.
- Unbekannt: Büste eines Jünglings. Alabaster. 18. Jh.

Im unteren Fach:

- Unbekannt: Kinderkopf. Marmor auf Holzpostament. Um 1700.
- Leonhard Kern (1588–1622): Huckepackgruppe. Buchsbaum. 1632 oder früher.
- Chinesische Arbeit: Chinese. Statuette aus graugrünem Speckstein.

Triumphzug der Galathea, Majolikateller aus Urbino, um 1565

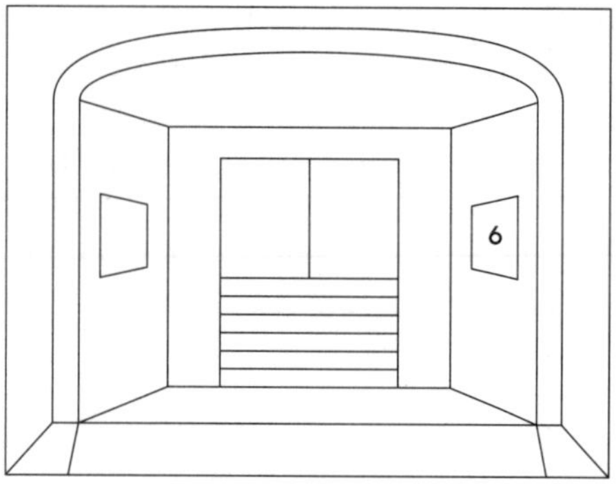

6 Johann Heinrich Meyer (1760–1832) nach Giovanni Francesco Barbieri, gen. Guercino (1591–1666): Die Persische Sibylle. 1647. Feder, Tusche, Aquarell. Undatiert.

Das Gemälde aus der Sammlung des Kardinals Carlo Francesco Pio wurde erstmals 1697 in Rom gezeigt. Bereits während Goethes italienischer Reise befand es sich in der Gemäldegalerie der Kapitolinischen Museen in Rom, wo es in der zweiten Hälfte des 18. Jahrhunderts häufig kopiert wurde.

7 Sammlungsschrank.

Auf dem Schrank:
- Carl Gottlieb Weisser (1780–1815): Bildnisbüste Carl Ludwig Fernow (1763–1808). Gips.
- Christian Friedrich Tieck (1776–1851): Bildnisbüste Caroline Jagemann (1777–1848). Gips.

8 Franz Schütz (1751–1781): Der Staubbachfall im Lauterbrunner Tal. Kreidezeichnung, über Graphit auf graubraunem Papier, weiß gehöht. 1778.

Auf welchem Wege die Zeichnung des Frankfurter Künstlers in Goethes Besitz gelangte, ist nicht ermittelt.

9 Sammlungsschrank.

Auf dem Schrank:
- Gottlieb Martin Klauer (1742–1801): Bildnisbüste Franz Friedrich Wilhelm Freiherr von Fürstenberg (1729–1810). Gips. 1786.

10 Jacob Philipp Hackert (1737–1807): Baumstudie. Federzeichnung über Graphit, Sepia, laviert. Undatiert.

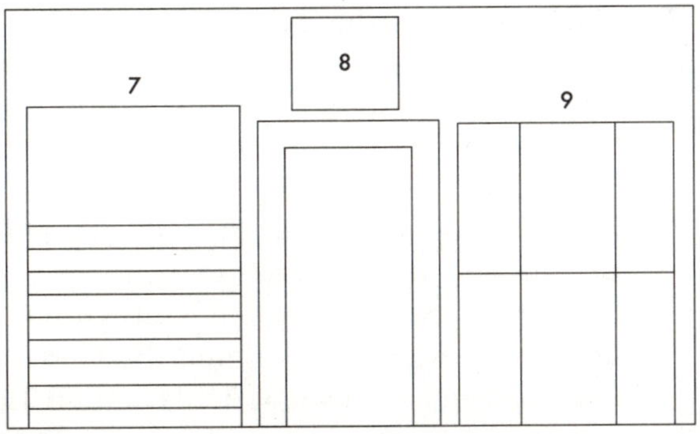

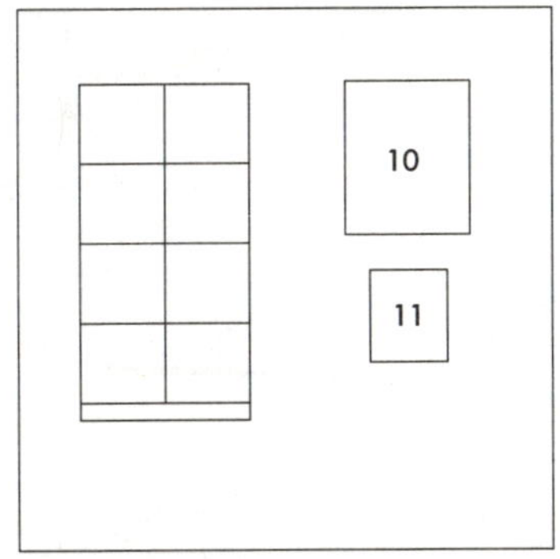

Maximilian von Verschaffelt, der Sohn des Direktors der Mannheimer Zeichenakademie Peter Anton von Verschaffelt, lebte von 1782 bis 1793 in Rom und trat dann in Mannheim die Nachfolge seines 1793 verstorbenen Vaters an. In der *Italienischen Reise* berichtet Goethe, daß er während seines zweiten römischen Aufenthaltes an einem »Kurs der Perspektive« bei Verschaffelt teilgenommen habe.

Die sorgfältig ausgeführte Zeichnung des Mannheimers entstand nach einer Ideenskizze Goethes, der Verschaffelts Blatt in der »Weimarer Pinacothek« publizierte und in seiner Zeitschrift *Über Kunst und Altertum* (3. Bd., 2. Heft, 1821) die Absicht erläuterte, »die Gegenstände, deren vorteilhafteste Ansichten man hundertfältig dargestellt, von einer besondern ungewöhnlichen Seite zu nehmen«. Weiter heißt es: »Das Geländer, das den Platz vorn einschließt, zeigt sich uns in fliehender Perspektive, geschmückt zu beiden Seiten mit Meilensäulen, Trophäen und in der Mitte mit Castor und Pollux und ihren Pferden. Hier steigt nun die Treppe hinunter, die wir noch im modernen architektonischen Anstand erblicken. Als Gegensatz schauen wir nun eine einfache, steile, hohe Marmortreppe, oben eine Kirche mit der einfachsten Vorderseite aus den ältesten Zeiten; es ist Aracoeli«.

11 Maximilian von Verschaffelt (1754–1818) nach Johann Wolfgang von Goethe, 1787: Aufgang zum Kapitol und Aracoeli-Kirche, Rom. Federzeichnung, grau-braun laviert. Undatiert.

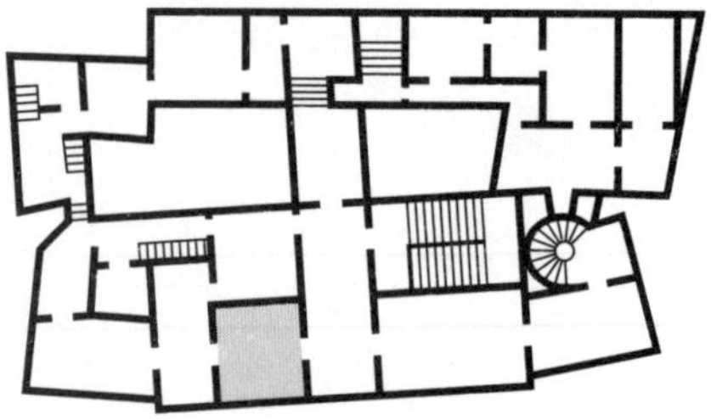

Die Benennung des Raumes ist in einem Brief Goethes vom 24. März 1817 an den Sohn August überliefert. Gemeinsam mit dem Majolika- und dem Großen Sammlungszimmer bildet es die östlich vom Gelben Saal gelegene Zimmerflucht, die Goethe nach dem Tode seiner Frau Christiane für die Aufnahme seiner Sammlungen bestimmte. Das Deckenzimmer war das eigentliche Bilderkabinett. Die in Wechselrahmen ausgestellten Zeichnungen und Graphiken dienten als Anschauungsstücke bei den häufig mit Gästen geführten Gesprächen über die »Gegenstände« und die Geschichte der bildenden Künste. »Mit welcher Sehnsucht denke ich oft Ihres Hauses, wo jedem Zimmer seine Ehre geschehen und jede Wand wie eine Weltgegend ein eigenes Leben hat«, faßte Achim von Arnim in einem Brief vom 9. Mai 1808 seine in Goethes Haus gewonnenen Eindrücke zusammen, die nicht zuletzt auch aus solchen Kunstgesprächen erwuchsen.

Gemäß dem Konzept der musealen Rekonstruktion des Vorderhauses nach dem Zustand in Goethes letztem Lebensjahrzehnt ist die Bebilderung nahezu mit der des Jahres 1832 identisch. Die im Raum befindliche Kommode mit Nußbaumfurnier aus der Mitte des 18. Jahrhunderts hat Goethe aus seinem Elternhaus in Frankfurt in den eigenen Hausstand übernommen.

Den Ofen »von poliertem Stahl und bronziertem Kupfer«, eine Arbeit des Weimarer Hofkupferschmiedes Henniger nach Entwürfen von Johann Heinrich Meyer, hat Friedrich Justin Bertuch im Märzheft 1813 seines »Journals für Luxus, Mode und Gegenstände der Kunst« abgebildet und beschrieben.

Die in variierenden Formen mehrfach im Hause anzutreffenden Stühle sind um 1800 gefertigt worden. Im Novemberheft des »Journals des Luxus und der Moden« von 1796 preist Bertuch die Bequemlichkeit und Stabilität der »den Stuhlformen im Herkulan ⟨das antike Herculaneum⟩ nachgeahmten« Modelle.

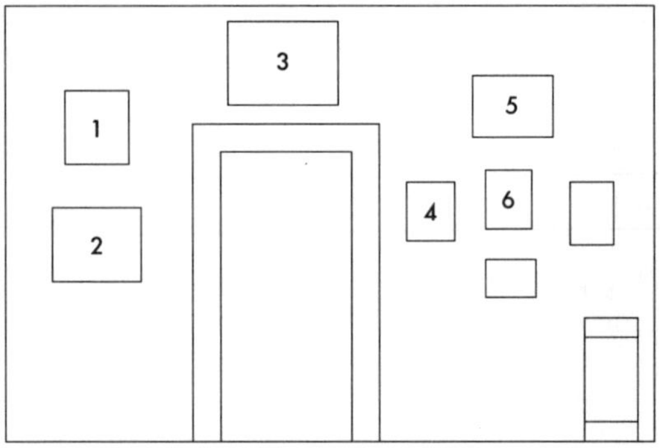

1 Johann Georg Trautmann (1713–1769) nach Rembrandt (1606–1669): Joseph, seine Träume erzählend (Genesis 37,5–11). Feder und Pinsel in Braun, laviert. Um 1760. Zuschreibung von Gerhard Kölsch.

Über die ersten Begegnungen mit Frankfurter Künstlern erzählt Goethe im 3. Buch von *Dichtung und Wahrheit:* »So hatte ich auch öfters die Künstler vermocht, diesen oder jenen Gegenstand vorzustellen 〈...〉. Ich erinnere mich noch, daß ich einen umständlichen Aufsatz verfertigte, worin ich zwölf Bilder beschrieb, welche die Geschichte Josephs darstellen sollten: einige davon wurden ausgeführt.«

Johann Georg Trautmann schuf im Auftrag des in Goethes Elternhaus einquartierten Grafen François de Thoranc für das Haus von dessen Bruder in Grasse einen Gemäldezyklus der Josephgeschichte.

Für die Komposition des Josephzyklus fand das Weimarer Blatt keine Verwendung. Es paraphrasiert eine Radierung Rembrandts (Bartsch 37). In Frankfurter Privatbesitz ist ein zweites Beispiel der zeichnerischen Umsetzung der Radierungen Rembrandts durch Trautmann erhalten (Hinweis von Gerhard Kölsch, Mainz).

2 Peter Vischer d.J. (1487–1528): Allegorie zu Ehren Luthers. Feder in Tusche, Aquarellfarben, farbige Kreiden, Tuschlavierung. 1524.

Das Blatt erhielt Goethe von Gustav Calixt von Biron, Herzog von Kurland (1780–1821), zu seinem Geburtstag 1818 als Geschenk. Am 8. September verfaßte er dafür ein Dankgedicht. Die »Allegorie zu Ehren Luthers« hing nachweislich bis in seine letzten Lebensjahre in den »vorderen Zimmern«.

In dem Artikel *Aufklärende Bemerkungen* erschien Goethes Beschreibung der Zeichnung. Darin heißt es u.a.: »hier sieht man Luthern als Herkules, der die Jugend, das Gewissen, das Volk befreit und auf Christum hindeutet. Im Rücken ist der päpstliche Ritterkoloß umgestürzt, hatte Beichte und Zeremonien im Fallen erdrückt; Sinnlichkeit, Stolz und Geiz entfliehen; sedes apostolica auf einer flammenden Ruine als Inschrift. Indessen also Christus in der Mitte aus einer leichten Wolkentüre hervortritt, beschäftigen sich Glaube, Liebe und Hoffnung mit einem Fürsten, der, das Schwert in der Hand, auf dem Thronsessel sitzt und welchem die Gerechtigkeit, gleichfalls eine nackte graziöse Gestalt, indem sie gleichfalls auf Christum hinweist, die Binde von den Augen zu nehmen im Begriff steht.«

In einem Schreiben vom 12. Dezember 1795 aus Rom urteilt Johann Heinrich Meyer über Burys Kopistentätigkeit: »Die Geschichte vom besessenen Buben nach Dominichino aus Grotta Ferrata ist auch recht hübsch gemacht«.

Das Blatt spielte bei den kunsttheoretischen Diskussionen, die zwischen den Weimarer Kunstfreunden geführt wurden, eine Rolle. Neben den Fresken der sog. Raffael-Bibel in den Loggien des Vatikans wird es als gelungenes Beispiel für die Darstellung von sittlichen Gegenständen in der bildenden Kunst genannt.

3 Friedrich Bury (1763–1823) nach Domenico Zampieri, gen. Domenichino (1581–1641): Der heilige Nilus, dem Sohn des Polyeuktus den Dämon austreibend. Federzeichnung, aquarelliert. Um 1795.

4 Adam Elsheimer (1578–1610): Stehender Mann, den Kopf stützend. Feder, Pinsel in Braun, weiß gehöht. Um 1600. Zuschreibung an Elsheimer von Christian Schuchardt.

5 Unbekannter Künstler, Rubensschule, nach Peter Paul Rubens (1577–1640), 1627: Weibliche Figur, Furie, Drache, Löwe und Harpyie. Teilkopie einer Allegorie auf Wilhelm I. von Oranien. Rötel, teilweise gewischt. 2. Hälfte 17. Jh. Eine Ölskizze des Gemäldes befindet sich in der Nationalgalerie in London.

6 Niederländischer Künstler, Umkreis des Maarten van Heemskerck (1498–1574): Herakles in der Wiege. Feder in Braun. 1. Hälfte 16. Jh.

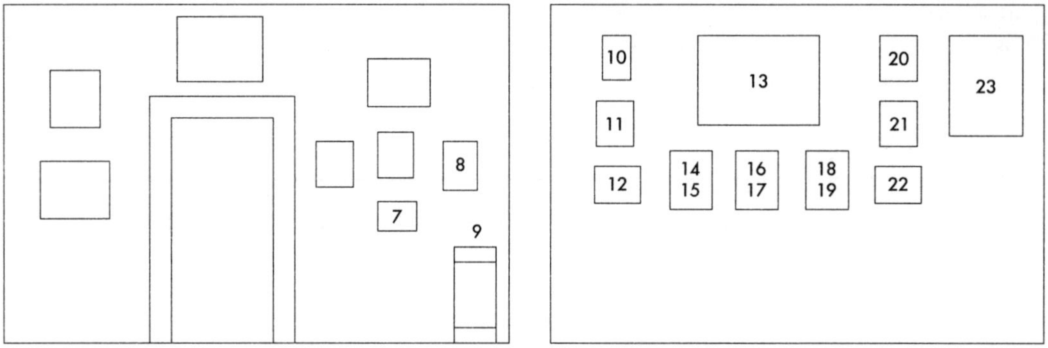

7 Abraham van Diepenbeck (1596–1675): William Cavendish, Herzog von New Castle, mit seiner Familie. Feder, Pinsel in Braun, Kreide in Schwarz, weiß gehöht. Um 1650. Zuschreibung an den Künstler von Jeremi Wood, London.

8 Abraham van Diepenbeck: David und der Pestengel (2. Buch Samuel 24, 15–25). Feder, Pinsel in Braun, Kreide in Schwarz, weiß gehöht. Undatiert. Zuschreibung an den Künstler von Jeremi Wood, London.

9 Martin Gottlieb Klauer (1742–1801): Büste Anna Amalia, Herzogin von Sachsen-Weimar und Eisenach. Gips, getönt. 1781 (?).

Der weimarische Hofbildhauer Martin Gottlieb Klauer schuf mehrere Bildnisbüsten der Mutter von Herzog Carl August. Wann diese Büste in Goethes Besitz kam, ist ungeklärt.

10 Unbekannter Künstler: Delphinköpfe. Feder, Pinsel in Grau, laviert. Undatiert.

Goethe erwarb die Zeichnung 1831.

11 Unbekannter Künstler: Kopie nach Annibale Carracci (1560–1609): Das Rosenwunder des heiligen Diego. Feder in Braun, laviert, Kreide in Schwarz, weiß gehöht. 18. Jh.

12 Französischer Künstler aus dem Umkreis von Michelle Corneille nach Raffael oder Giulio Romano: Gottvater und Engel in der Glorie. Feder, Pinsel in Braun, laviert, weiß gehöht. 2. Hälfte 18. Jh. Zuschreibung des Blattes durch Konrad Oberhuber, Wien.

13 Johann Heinrich Meyer (1759–1832) nach Daniele Ricciarelli, gen. Daniele da Volterra (1509–1566): Trauernde Marien. Teilkopie nach der »Kreuzabnahme« in der Kirche S. Trinità dei Monti in Rom. Feder in Schwarz, Aquarell. Undatiert.

14 Jacob de Wit (1695–1754): Jupiter als Diana bei Callisto. Feder- und Pinselzeichnung in Grau und Graubraun, weiß gehöht. 1738.

15 Jacob de Wit: Drei nackte Kinder spielen Tauziehen. Federzeichnung in Grau, grau laviert, weiß gehöht. 1740.

16 Abraham Bloemaert (1564–1651): Der verlorene Sohn. Kreide in Schwarz, Feder in Braun, laviert, weiß gehöht. Undatiert. Alte Zuschreibung an Bloemaert bestätigt durch Gregor Weber, Dresden.

17 Abraham Bloemaert: Anbetung der Hirten. Kreide in Schwarz, Feder in Braun, laviert, weiß gehöht. Undatiert. Alte Zuschreibung an Bloemaert bestätigt durch Gregor Weber, Dresden.

18 Jacob de Wit: Jupiter als Diana bei Callisto. Pinselzeichnung in Grau, Rötel, darüber Lavierung in Grau. Um 1738. Entwurf für Nr. 14, beide Zeichnungen sind Vorstudien.

19 Jacob de Wit: Schwebende Engel. Entwurf für ein Deckengemälde. Feder in Schwarz und Braun, laviert in Grau und Braun. 1734.

20 Giovanni Lorenzo Bernini (1598–1680): Von Engeln gehaltener Sarkophag. Feder und Pinsel in Braun, laviert. 16. Jh. Alte Zuschreibung.

21 Pietro Berrettini da Cortona (1596–1669): Die heilige Margarete von Cortona. Feder und Pinsel in Braun, laviert. 17. Jh. Die Zuschreibung stammt von Christian Schuchardt und wurde von Marie Schuette übernommen. Das Blatt ist vermutlich eine Kopie.

22 Giulio di Pietro Pippi de' Gianuzzi, gen. Romano (1499–1546): Männer, eine Frau ins Wasser werfend. Feder und Pinsel in Braun, laviert, über Graphit quadriert. 18. Jh. Alte Zuschreibung.

23 Johann Heinrich Meyer nach Raffael: Trauernde Maria. Teilkopie der »Grablegung«, 1507. Pastell. Um 1795.

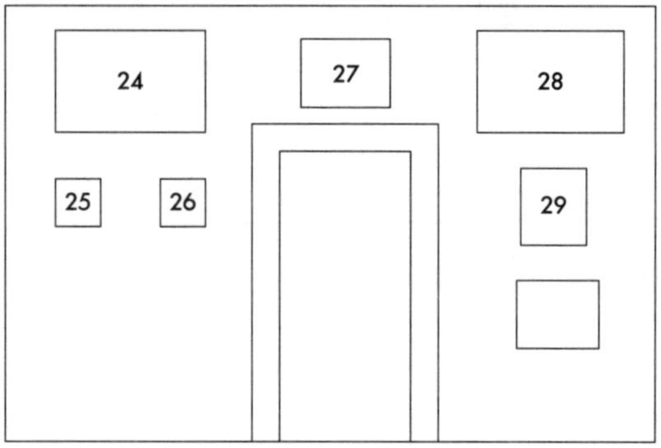

24 Christoph Heinrich Kniep (1755–1825): Küstenlandschaft bei Taormina, Blick nach Norden mit Hirtenidylle. Feder und Pinsel in Sepia. 1787/88. Topographische Zuschreibung von Georg Striehl, Lauterbrunn.

Die beiden Sepiazeichnungen Knieps (Nr. 24 und 28) gehören thematisch zusammen. Unter dem 7. Mai 1787 berichtet Goethe von seinem Besuch in Taormina. Seine Beschreibung schildert annähernd den vom Zeichner wiedergegebenen Landschaftsausschnitt: »Wendet man sich von diesem Anblick in die an der Rückseite der Zuschauer angebrachten Gänge, so hat man die sämtlichen Felswände links, zwischen denen und dem Meere sich der Weg nach Messina hinschlingt. Felsengruppen und Felsrücken im Meere selbst, die Küste von Calabrien in der weitesten Ferne, nur mit Aufmerksamkeit von gelind sich erhebenden Wolken zu unterscheiden.«

25 Unbekannter Künstler nach Pietro Berrettini da Cortona: Aeneas' Landung in Latium. Teilkopie des Deckengemäldes im Palazzo Pamphili in Rom. Feder und Pinsel in Schwarz, grau laviert, weiß gehöht. 18. Jh.(?).

26 Ferdinand Kobell (1746–1799): Gebirgige Landschaft mit Wasserfall. Feder und Pinsel in Braun, braun und grau laviert. 1773.

Goethe hatte in seinen letzten Jahren die Gewohnheit angenommen, ausgesucht schöne Zeichnungen mit seinem Sammlerstempel zu versehen. Daß die Zeichnung diesen Stempel trägt, zeigt die Wertschätzung, die er dem Künstler entgegenbrachte.

Das in der Sammlung vorhandene Konvolut von elf Zeichnungen Kobells ist durch Goethe vom Künstler erbeten und erworben worden (Briefe vom 3. Dezember 1780 und vom 5. Februar 1781).

27 Paolo Farinato (1524–1606): Drei Satyrn mit Fruchtgehängen, in Bogenzwickeln. Entwurf einer Wanddekoration. Feder und Pinsel in Braun, über schwarzer Kreide, weiß gehöht. Undatiert. Alte Zuschreibung.

Goethe beschreibt in der *Italienischen Reise* unter dem 7. Mai 1787 den vom Zeichner festgehaltenen Blick: »Setzt man sich nun dahin, wo ehemals die obersten Zuschauer saßen, so muß man gestehen, daß wohl nie ein Publikum im Theater solche Gegenstände vor sich gehabt.« Am 8. Mai 1787 unternahm es Kniep, das Theater für Goethe zu zeichnen. Dieser zweifelte zunächst am schnellen Gelingen der vorgesehenen Umrisse: »Er wird seine Bleistifte manchmal spitzen und ich sehe nicht, wie er fertig werden will.« Weiter heißt es dann: »Kniep ist herabgekommen und hat zwei ungeheure Blätter, reinlichst gezeichnet, zufrieden und vergnügt zurück gebracht. Beide wird er zum ewigen Gedächtnis an diesen herrlichen Tag für mich ausführen.« Die beiden Bleistiftskizzen sind in Goethes Kunstsammlung im Bestand der Kniepschen Sizilien-Zeichnungen überliefert.

28 Christoph Heinrich Kniep: Das Theater von Taormina. Feder und Pinsel, in Sepia. Um 1787.

Als Vorlage diente Angelika Kauffmann die von Alexander Trippel im Auftrag von Christian August von Waldeck 1787 geschaffene Goethe-Büste. Am 23. Juli 1788 schreibt sie nach Weimar: »Die Zeichnung habe ich mit allem möglichen Fleiß ausgeführt, denn sie ist für Sie gemacht und Ihnen gewidmet und wird Ihnen zugeschickt werden, sobald Herr Lips die Kupferplatte fertig hat.« Eine Radierung nach der Zeichnung wurde als Titelbild im 8. Band der Göschen-Ausgabe von Goethes *Schriften* 1789 veröffentlicht.

29 Angelika Kauffmann (1741–1807): Die Musen des Dramas huldigen Goethe. Bleistift, Kreide in Schwarz, weiß gehöht. 1788.

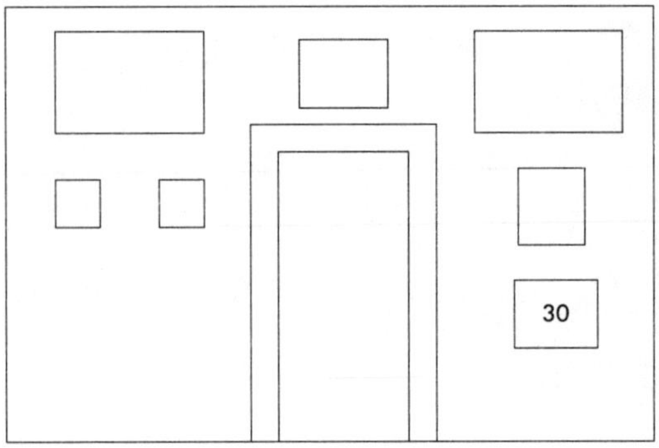

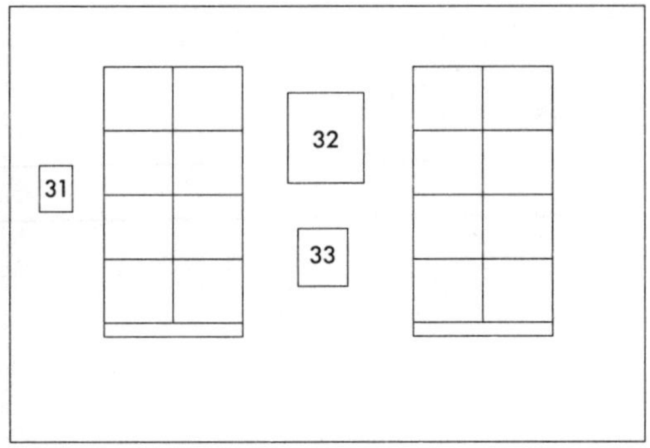

30 Angelika Kauffmann: »Seid ihr auch schon herabgekommen?«. Szene aus Goethes *Iphigenie*. Bleistift, Kreide in Schwarz, weiß gehöht. 1787.

»Es ist vielleicht eine ihrer glücklichsten Kompositionen«, urteilt Goethe in einem Brief an den Leipziger Verleger Georg Joachim Göschen vom 15. August 1787 über die Illustration Angelika Kauffmanns zu seiner *Iphigenie*.

31 Antonio da Trento (gest. nach 1545) nach Francesco Mazzola, gen. Parmigianino (1503–1540): Narziß und Echo. Clairobscurschnitt, Holzschnitt. 1. Hälfte 16. Jh.

32 Johann Heinrich Wilhelm Tischbein (1751–1829) nach Guido Reni (1575–1642), Werkstattarbeit, 1626–1628: Verkündigungsengel. Feder und Pinsel in Braun, aquarelliert. Um 1790.

Während seiner römischen Aufenthalte lebte Goethe in Tischbeins Wohnung am Corso, gegenüber der Villa Rondanini. Das Sammeln von Kunstwerken gehörte bereits in jener Zeit zu den gemeinsamen Interessen der beiden Künstler. Ob die Aquarellkopie von Renis Verkündigungsengel bereits damals entstand und wie sie in Goethes Sammlung gelangte, ist nicht ermittelt.

Tischbein kehrte 1799 mit seinen Sammlungen nach Deutschland zurück. 1804 erwarb Herzog Peter Friedrich Ludwig von Oldenburg die Gemäldesammlung mit dem Original aus der Reni-Werkstatt, das lange Zeit für eine eigenhändige Arbeit des Meisters gehalten wurde. Das Gemälde befindet sich im Landesmuseum Oldenburg.

33 Süddeutscher Meister: Spiegel mit ornamentiertem Rahmen. Eisen mit Gold- und Silbertauschierung. Mitte 16. Jh.

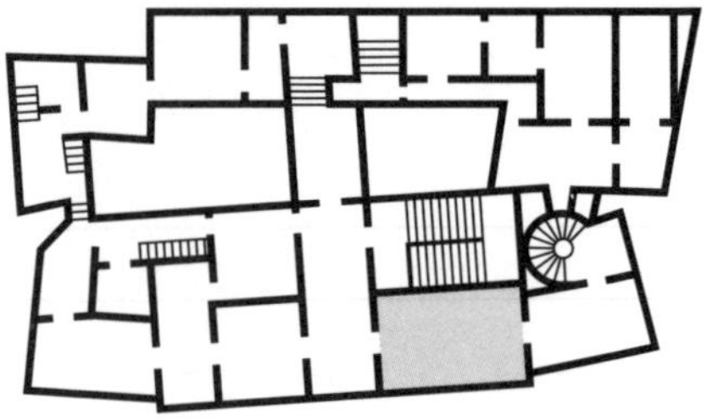

Das Junozimmer, das man nach erneutem Durchqueren des Gelben Saales erreicht, war der Salon des Hauses. Entsprechend aufwendig sind die Wände dekoriert. Hier fand Goethe im eigenen bürgerlichen Haus den äußeren Rahmen für die Erfüllung der Repräsentationspflichten als privater Gastgeber wie als weimarischer Staatsminister.

Die Ausstattung legte er bis zur Fensterdekoration hin selbst fest. In einem Brief vom 28. November 1817 an den Sohn August heißt es: »Wenn die Maler aus den Zimmern ‹Gelber Saal und Junozimmer› heraus sind, so laß alles ruhen bis ich wieder komme, daß wir uns über die Vorhänge vereinigen; der Teppich wird ja ohnehin zuletzt und schnell gelegt.« Eine »breite Portierung« im »großen blauen Zimmer« wird erstmals 1806 erwähnt. Sie könnte mit dem heutigen, in halber Wandhöhe umlaufenden Ornamentband stilistisch verwandt gewesen sein. Nicht mehr vorhanden sind der Teppich und die ursprüngliche Fußbodendekoration. Johann Gottfried Schadow berichtet 1802 von »einem Medusenkopf im Fußboden«.

Die Farbgebung der Wände war anfänglich violett, später blau wie im anschließenden Urbinozimmer. Nahezu authentisch ist die Möblierung des Raumes mit den zwischen den Fenstern angebrachten Spiegeln und den darunterstehenden Medaillenschränken, dem Sofa an der gegenüberliegenden Wand sowie den Stühlen, über deren einstige genaue Anzahl allerdings nichts überliefert ist.

Unter dem 14. Juli 1821 notiert Goethe in seinem Tagebuch, daß der von ihm erworbene Flügel »ausgepackt und aufgestellt, auch probiert und gut gefunden« worden sei. Er ist eine signierte Arbeit der Wiener Orgel- und Klavierbaufirma von Johann Andreas und Nannette Streicher. Gespielt wurde auf ihm u.a. von Felix Mendelssohn Bartholdy, der polnischen Pianistin Maria Szymanowska, Clara Wieck und Carl Friedrich Zelter.

Den links von der Eingangstür stehenden Münzschrank erwarb August von Goethe am 29. Juli 1827 von dem Weimarer Tischler Gustav Koltzer. Er machte ihn seinem Vater zum Geschenk und sorgte so für eine bessere Unterbringung der mehr als 2000 Stücke zählenden Münzsammlung, die er aus Passion betreute.

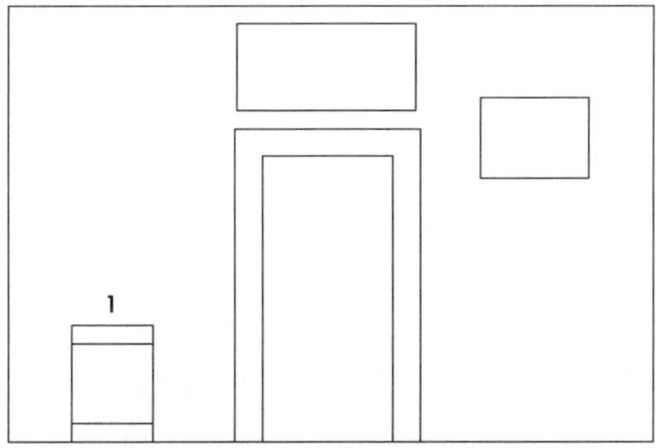

Zu den berühmtesten »Antiken« in Goethes Kunstsammlung gehört die Kolossalbüste der Juno Ludovisi. Das Marmororiginal, das Goethe während seines ersten römischen Aufenthalts in der Villa Ludovisi gesehen hatte, befindet sich seit 1901 im Museo Nazionale in Rom.

Seit Johann Joachim Winckelmann die Kolossalbüste in seiner »Geschichte der Kunst des Altertums« (1764) als Darstellung der Juno beschrieben hatte, wurde der Plastik zunehmendes Interesse zuteil. Goethe hatte in seiner römischen Wohnung am Corso 1786/87 einen Abguß der Büste aufgestellt. Begeistert berichtet er darüber im Januar 1787 an Charlotte von Stein: »Es war dieser meine erste Liebschaft in Rom und nun besitz ich diesen Wunsch 〈...〉. Keine Worte geben eine Ahndung davon, er ist wie ein Gesang Homers.« Später, bei seiner Abreise aus Rom, schenkte Goethe den Abguß der Malerin Angelika Kauffmann.

Einen lange erwünschten neuen Gipsabguß in Originalgröße erhielt Goethe am 7. Oktober 1823 von dem Berliner Staatsrat Schultz zum Geschenk. Unmittelbar nach Ankunft des Bildwerkes verfügte Goethe dessen Aufstellung im Salon an dem Platz, an dem es noch heute steht. Die Juno verkörperte für ihn als »das erhabene einzige Götterbild« ein Symbol griechischer Kunst schlechthin und inspirierte ihn »immer wieder mit neuem Eindruck«.

Durch die jüngere Forschung wurde die Winckelmannsche Bestimmung als Juno korrigiert. Bei dem Bildnis handelt es sich vielmehr um ein postumes Idealporträt der Antonia Augusta aus der julisch-claudischen Dynastie der frühen römischen Kaiserzeit, wahrscheinlich zu einer Statue gehörig, die Kaiser Claudius zu Ehren seiner Mutter aufstellen ließ.

1 Römisch: Kolossalbüste der Juno Ludovisi. Gipsabguß. Original 1. Hälfte 1. Jh. n. Chr.

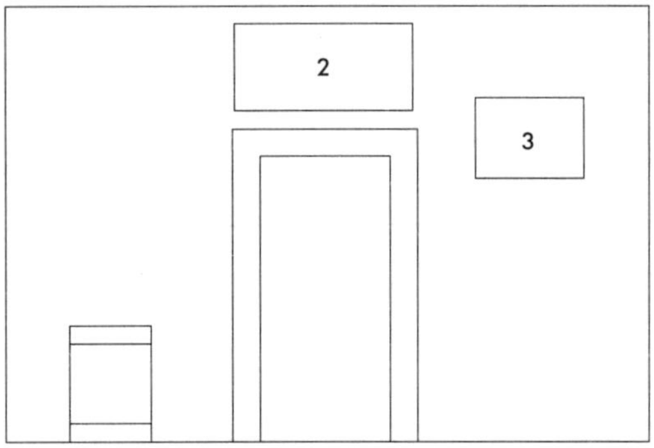

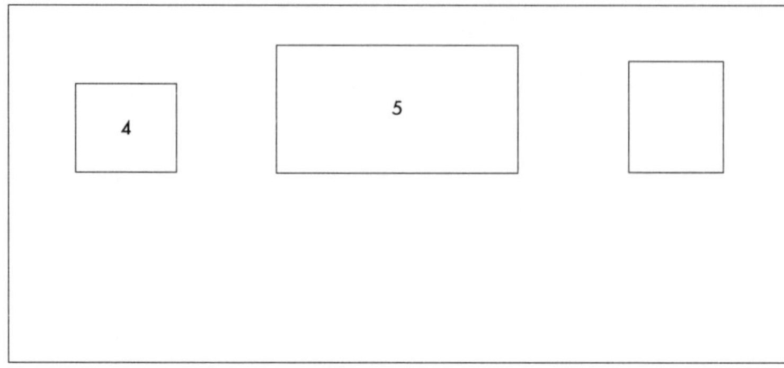

2 Johann Heinrich Meyer (1759–1832): Satyr, von Amoretten geplagt. Supraporte, Kreide auf Papier. Um 1795. Die Supraporte wurde 1946 durch Hugo Gugg überarbeitet.

3 Friedrich Bury (1763–1823) nach Annibale Carracci (1560–1609): Arion auf dem Meere. Teilkopie nach dem Fresko »Triumph der Liebe im Universum« im Palazzo Farnese in Rom, 1597–1604. Aquarell. Um 1790.

4 Johann Heinrich Meyer: Lots Auszug mit seinen Töchtern aus Sodom. Teilkopie nach dem Deckenfresko »Der Brand Sodoms« der sog. Raffael-Bibel in den Loggien des Vatikans, um 1515. Aquarell. Undatiert.

Unmittelbar nach Goethes Abreise aus Rom am 23. April 1788 begann Friedrich Bury mit seiner Kopistentätigkeit für Weimar. Otto Harnack schreibt dazu: »Von den Fresken Caraccis im Palazzo Farnese findet sich der steinschleudernde Polyphem und die Galatea im Großherzoglichen Museum; im Goethe-Nationalmuseum Arion, sowie Jupiter mit Juno. ⟨…⟩ Alle Kopien sind in Aquarell ausgeführt; worin Bury eine große Fertigkeit erreichte und worin ihm auch die Verschiedenheit des Farbtones seiner Vorbilder gut auszudrücken gelang.«

Das Originalfresko gelangte nach seiner Auffindung 1606 auf dem Esquilin in Rom in den Besitz des Kardinals Pietro Aldobrandini, nach dem die Darstellung der Vorbereitungen für ein Hochzeitszeremoniell benannt wurde. Seit 1818 befindet sich das Werk im Vatikan.

Zu allen Zeiten war das Bild von großem Interesse für Künstler, Gelehrte und Sammler. Johann Heinrich Meyer fertigte die Aquarellkopie während seines Italienaufenthaltes 1796/97 für Goethe an. Im Oktober 1797 traf sie in Weimar ein und wurde im Gesellschaftszimmer, dem später Junozimmer genannten repräsentativsten Raum des Hauses, aufgehängt. Ein grüner Vorhang, der nach Marie Schuette 1910 noch im Original vorhanden war, schützte das Aquarell vor der Zerstörung durch das Sonnenlicht. 1993 wurde er erneuert.

Eine lange Reihe von schriftlichen und mündlichen Äußerungen zu dem Bild, sowohl von Goethe als auch von vielen seiner Zeitgenossen, ließe sich hier anführen. Ein wichtiger Beitrag findet sich im »Historischen Teil« von Goethes *Farbenlehre* mit Ausführungen zum Kolorit des Freskos: »Obschon die Arbeit im Ganzen nur flüchtig und skizzenhaft ist, so war der Maler dennoch mit großer Sorgfalt um zweckmäßige Abwechselung der Farbentöne, nach Maßgabe der verschiedenen Charaktere seiner Figuren, bemüht und hat sich darin besonders tüchtig erwiesen. Die zarte auf der Wange der Braut glühen-

5 Johann Heinrich Meyer nach einem unbekannten Künstler der Zeit des Kaisers Augustus (63 v. Chr.–14. n. Chr.): Die Aldobrandinische Hochzeit. Aquarell. 1796.

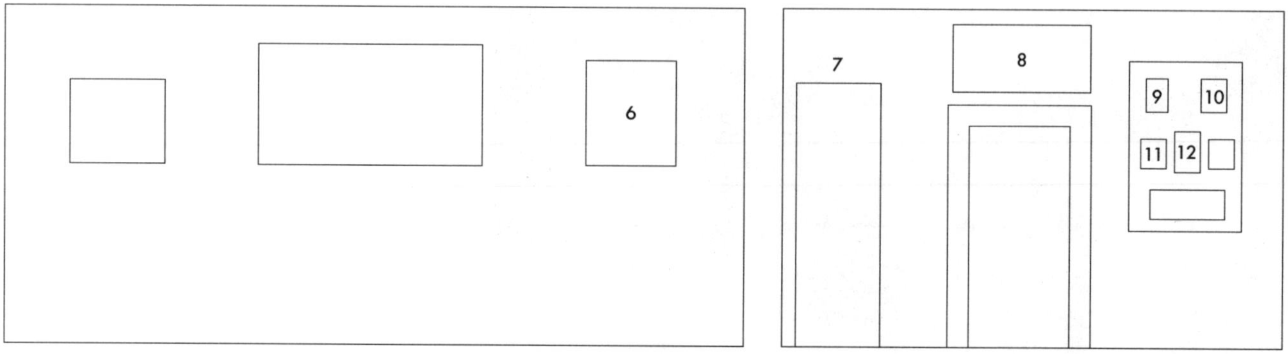

de Schamröte kontrastiert vortrefflich mit dem kräftigen Ton, in welchem der Bräutigam gehalten ist. Auch sind alle übrigen Figuren des Bildes mit feiner Kunst so nüanziert, wie die Bedeutung einer jeden es erfordert. Nicht geringere Fertigkeit und Kenntnisse zeigte unser alte Meister an den verschiedenen Stellen, wo er das Durchscheinende farbiger Gewänder durch Weiß angegeben, wo benachbarte Farben sich einander mitteilen; und ferner in der Wahl und Vertheilung der den herrschenden violetten Ton des Bildes begünstigenden und von dem selben wieder gehobenen Farben, zum Zweck einer fröhlichen harmonischen Wirkung des Ganzen.«

6 Karl Begas (1794–1854): Carl Friedrich Zelter. Öl auf Leinwand. 1827.

Carl Friedrich Zelter, der Direktor der Berliner Singakademie und Komponist zahlreicher Lieder nach Goethe-Gedichten, hatte sich von dem Berliner Historien- und Porträtmaler Begas für seinen langjährigen Weimarer Freund Goethe porträtieren lassen. Der Künstler schenkte das Bildnis Goethe zum Geburtstag, der es begeistert aufnahm.

Am 14. August 1827, einen Tag nach dem Erhalt des Bildes, schreibt er an Zelter: »indem ich Dir für Deinen persönlichen liebevollen Gedulds-Anteil daran herzlich danke muß ich gestehen: daß ich es sehr brav und tüchtig finde; es wird schwerlich eine solche Übereinstimmung zwischen Gestalt und Sinn, zwischen Bewegung und Bedeutung, zwischen Absicht und Ausführung sobald wieder gefunden werden. Herr Begasse, der mir bisher ein bloßer Name war, ist mir nun erst ganz eigentlich zu einem Mitlebenden vorzüglichen Künstler geworden.«

Das Porträt fand ab 1828 durch eine Lithographie von Ludwig Heine rasche Verbreitung und Popularität. Eine Tagebuchaufzeichnung Goethes belegt, daß das Gemälde erst am 21. Dezember 1827 einen festen Platz in einem der »vordern Zimmer« zugewiesen bekam.

Der Gips geht auf die Figur eines Adlers von Christian Friedrich Tieck zurück. 1821 war im Garten des Prinzessinnenschlößchens in Jena Johann Peter Kauffmanns Goethe-Denkmal aufgestellt worden. Tiecks Adler war als oberer Abschluß vorgesehen. Im März 1830 erwarb Goethe den Adler aus dem Nachlaß Kauffmanns. Am 13. März des Jahres teilte er Johann Heinrich Meyer mit: »Der Adler nimmt sich überall gut aus wo man ihn hinstellt«.

Auf dem Ofen:
7 Nach Christian Friedrich Tieck (1776–1851): Adler. Gips. 1820/21.

Nach der Zerstörung des Urbinozimmers durch einen Bombentreffer bei einem Luftangriff auf Weimar im Jahre 1945 wurde die Supraporte 1946 von Hugo Gugg erneuert.

8 Johann Heinrich Meyer: Amor, einen Satyr durch Wein betörend. Supraporte, Kreide auf Papier. Um 1793.

In seiner »Geschichte der Kunst« urteilt Meyer sehr abschätzig über die Brüder Zuccari, Paolo Farinato u.a. Er wirft ihnen einen »gezwungenen und unnatürlichen Geschmack« vor, der »eine Ableitung oder vielmehr eine üble Anwendung von Michelangelos gewaltigem Stil war«. Unabhängig von Meyers herbem Urteil finden sich mehrere Arbeiten der genannten Künstler in Goethes Kunstsammlung.

9 Taddeo Zuccari (1529–1566), vermutlich Kopie: Sitzende weibliche Figur, neben einem Postament. Feder und Pinsel in Braun, laviert, weiß gehöht, über Kreide in Schwarz. Undatiert.

10 Taddeo Zuccari: Sitzende weibliche Figur mit Kirchenmodell und Engeln. Feder und Pinsel in Braun, laviert, weiß gehöht, über Kreide in Schwarz. Undatiert. Alte Zuschreibung.

Christian Schuchardt verzeichnet das Blatt als Arbeit des Giovanni da Udine, der von Goethe und Johann Heinrich Meyer als Schüler und Mitarbeiter Raffaels geschätzt wurde. Zuschreibung an Marco da Faenza durch Konrad Oberhuber, Wien.

11 Marco Marchetti, gen. Marco da Faenza (um 1526–1588): Entwurf zu einer Wanddekoration. Feder und Pinsel in Braun, laviert, über Kreide in Schwarz, gelöscht. Undatiert.

Alte Zuschreibung an Rosso. Bestimmung als Kopie durch Konrad Oberhuber, Wien.

12 Unbekannter Künstler, Kopie nach Giovanni Battista di Iacopo di Guasparre Rosso, gen. Il Rosso (Fiorentino) (1494–1540): Sitzende weibliche Figur mit Wappen des Königs Franz I. Feder und Pinsel in Braun, laviert, weiß gehöht, über Kreide in Schwarz. Undatiert.

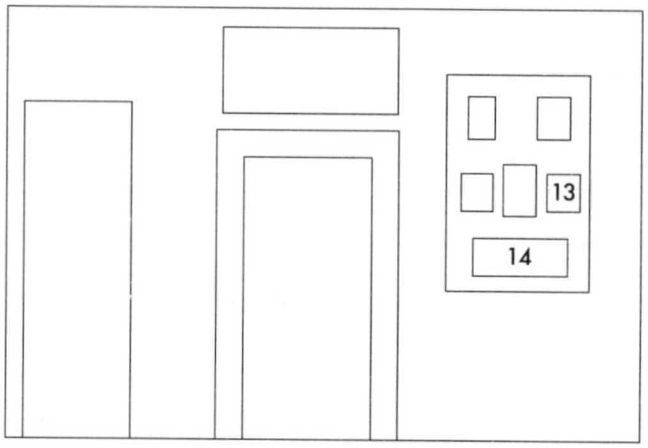

13 Marco Marchetti, gen. Marco da Faenza: Entwurf zu einer Wanddekoration. Feder und Pinsel in Braun, laviert, über Kreide in Schwarz. Undatiert.

14 Italienischer Künstler nach Polidoro da Caravaggio (um 1490–1543). Retuschen von Peter Paul Rubens (1577–1640): Antike Seeschlacht. Teilkopie eines Frieses am Palazzo Gaddi in Rom, um 1525. Feder und Pinsel in Braun, laviert, weiß gehöht, über Kreide in Schwarz, spätes 16. Jh., Retuschen in Gelb- und Weißhöhung, Pinsel in Grau und Braun.

Die aus dem Besitz von Peter Paul Rubens stammende Zeichnung weist wie zahlreiche andere Blätter dieser Provenienz Retuschen von der Hand des Malers auf. Sie sind häufig in der gleichen Technik (Gelb- und Weißhöhungen, Pinsel in Grau und Braun, zuweilen auch fette Kreiden in Gelb oder Rötel) ausgeführt und bewirken eine malerische Ausstrahlung der Zeichnungen.

Bisher gibt es nur Vermutungen, wie und wann die zwei aus Rubens' Sammlung stammenden Blätter in Goethes Besitz gelangten. Es wird angenommen, daß er sie durch Friedrich Bury aus Rom erhielt. Einen Anhaltspunkt dafür enthält ein Brief Luise von Göchhausens vom 27. Dezember 1788, in dem sie über die Erwerbung von vier Rubens-Zeichnungen durch Bury informiert. Ein Beleg für diese These konnte allerdings nicht erbracht werden (vgl. Urbinozimmer, Nr. 10).

15 Italienischer Künstler: Alter mit zwei Mädchen (Lot mit seinen Töchtern?). Feder und Pinsel, laviert, in Braun, über Kreide in Schwarz. Spätes 17. Jh.

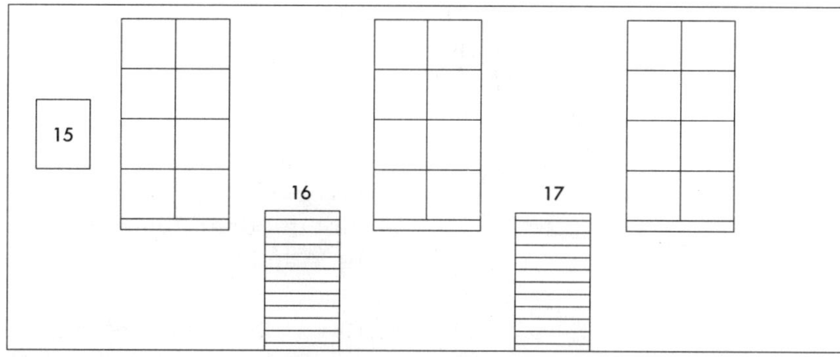

16 Nach Michelangelo Buonarroti (1475–1564): Statuette des Moses. Bronze. Original 1542–1545.

Goethe erwarb die verkleinerte Nachbildung der marmornen Kolossalstatue vom Grabmal des Papstes Julius II. in San Pietro in Vincoli in Rom während seines Aufenthaltes in Teplitz im Jahre 1812. Am 27. Juli 1812 schreibt er an Christiane: »ich habe eine Nachbildung des Moses von Michelangelo in Bronze gekauft, die sehr schön und wahrscheinlich aus dem 16ten Jahrhundert ist.« Wenige Tage später, am 14. August 1812, teilt er Johann Heinrich Meyer mit: »Ihre Vermutung ist bei mir zur Gewißheit worden. Die Nachbildung deutet auf einen großen Respekt fürs Original und zugleich auf die Absicht, die Kopie zu einem selbständigen Werke zu machen. Dem Künstler derselben hat es nicht an Sinn und Gefühl für die Großheit des Marmorbildes gefehlt; aber mich dünkt es ist schon eine gewisse Eleganz einer späteren Zeit bemerkbar, besonders an den nackten Armen, welche jedoch sehr wohl verstanden sind.«

17 Nach Giovanni da Bologna (1524–1608): Badende Venus. Bronze.

Auf dem Tisch:

18 Nach römischem Original: Statuette der Victoria. Gipsabguß, getönt. Original 2. Jh. n. Chr.

Der Gipsabguß geht auf ein römisches Bronzeoriginal aus Fossombrone, Forum Sempronii, zurück (Staatliche Museen Kassel).

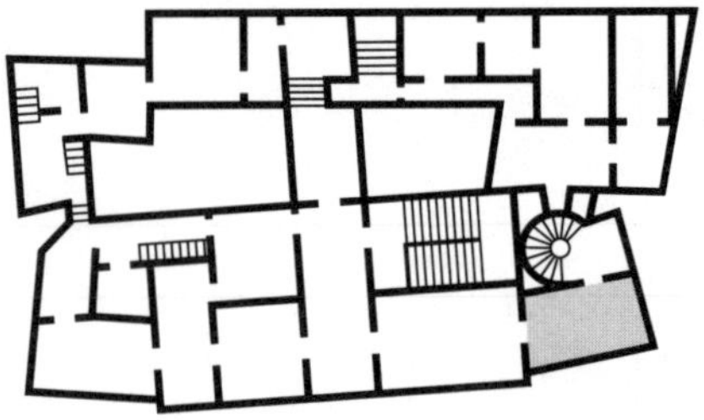

Das westlich vom Gelben Saal gelegene Urbinozimmer wurde, ebenso wie das Junozimmer, für offizielle Anlässe genutzt. Goethe konnte von seinem Arbeitszimmer durch das »runde Treppenhaus« ungestört das Urbinozimmer erreichen, wo er den Besuchern gern entgegentrat. Überlieferungen besagen, daß sich bei Gesellschaften bevorzugt die Jugend in diesem Raum aufhielt, der durch eine »Rollentür« mit dem Junozimmer verbunden war.

Die Wände sind mit einer Bordürenkassettierung ähnlich reich geschmückt wie die des Junozimmers. Die Supraporten stammen wie dort von der Hand Johann Heinrich Meyers. Die Darstellungen, Kreidezeichnungen auf bräunlichem Papier (im Kriege zerstört, 1946 durch Hugo Gugg erneuert), sind thematisch im Umfeld der Amor-Ikonographie angesiedelt. Die Wandfarbe war immer blau, was u.a. ein Brief vom 28. November 1817 belegt, in dem Goethe seinen Sohn August bittet, ihm einen Kupferstich nach Tizian auf einen Stab aufgewickelt und wohlverpackt nach Jena zu senden; der Stich sei »leicht zu finden«, er liege »auf dem Gestelle in der blauen Stube links gegen den Ofen zu«.

Im Urbinozimmer hat sich über viele Jahre ein weiteres »Repositorium« zum Aufbewahren der Mappen mit graphischen Blättern aus Goethes Kunstsammlung befunden. Die heutige Möblierung – überwiegend Empiremöbel mit Birkenmaserholz – war Salonausstattung der von Goethes Sohn und seiner Familie bewohnten Mansarde und wurde später aus dem Besitz der Familie Vulpius wieder für das Goethehaus erworben. Auch die Anordnung der Bilder ist museal. Louise Seidler schreibt in ihren Lebenserinnerungen: »Neben dem Baroccio ⟨Porträt des Herzogs von Urbino⟩, von dem es den Namen hatte, hingen noch mehrere Gemälde«. Das Urbino-Porträt hatte demzufolge zu Goethes Lebzeiten seinen festen Platz erhalten, während die Hängung anderer Gemälde häufiger verändert wurde. Goethes Tagebücher und Briefe sowie Berichte von Besuchern geben davon Zeugnis.

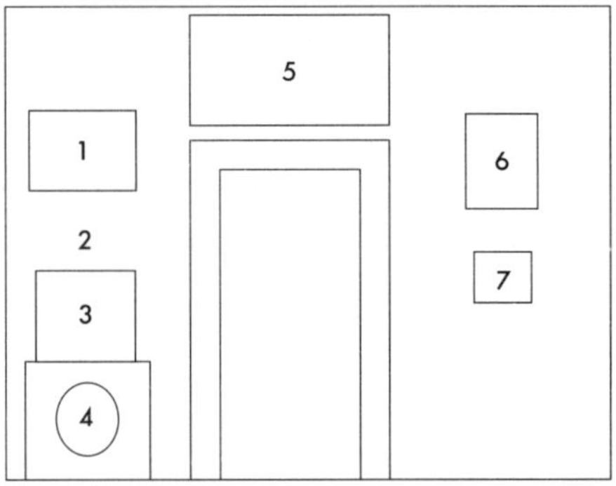

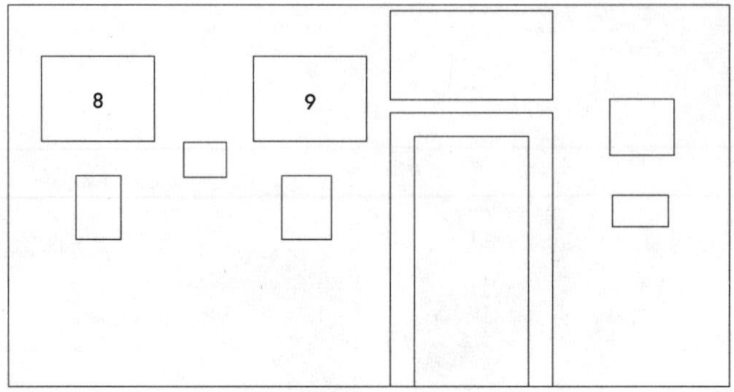

1 Jean Barthélemy Pascal (1774 – nach 1846): Landschaft mit weißer Hirschkuh. Öl auf Holz. Um 1828.

Das Bild, ein Geschenk des Künstlers zu Goethes Geburtstag 1828, wurde noch im gleichen Jahr in der Zeitschrift *Über Kunst und Altertum* (6. Bd., 2. Heft) besprochen. Der Maler erhielt durch Carl Friedrich Zelter auf Goethes Wunsch (vgl. Brief Goethes vom 2. Januar 1829) als Gegengabe eine Goethe-Medaille.

2 Ernst Karl Gottlieb Thelott (1760–1834) nach Kaspar Benedikt Beckenkamp (1747–1828) nach Stephan Lochner (1410–1451): Dreikönigsaltar. Kupferstich, als Flügelaltärchen gefaßt. Um 1820.

Der »Dreikönigsaltar« des Stephan Lochner, 1443 für die Kölner Ratskapelle geschaffen, wurde 1809 auf Anraten der Brüder Sulpiz und Melchior Boisserée im Kölner Dom aufgestellt. In der Anzeige der Schrift *Über Kunst und Altertum in den Rhein- und Maingegenden* (1816) beschreibt Goethe den Dreikönigsaltar, der »die Achse genannt worden ⟨war⟩, worum sich die ältere niederländische Kunst in die neue dreht«. Mit eigenen stilkritischen Betrachtungen wendet er sich dabei gegen zeitgenössische romantische Tendenzen: »Das Dombild zu Cölln tritt nun ein, byzantinische Komposition beibehaltend, aber sich schon ganz für das Portrait erklärend. Hier fassen die Künstler schon wieder vollkommen Fuß in der Natur. Dieses Bild verdient große Aufmerksamkeit; nur wünscht man, daß es nicht übertrieben erhöht, durch Hymnen versüßlicht und durch enthusiastische Mystik verständigen Kennern widrig gemacht werde.«

3 Süddeutscher Meister: Kabinettschränkchen. Nußbaum, furniert. Um 1650.

4 Schrankteil. Ahorn, schwarz gebeizt und poliert, und Nußbaum, dunkel gebeizt, Teilvergoldung. Empire.

In der Mitte des Schrankes, von einem vergoldeten Ouroboros (sich in den Schwanz beißende Schlange) gerahmt, befindet sich unter Glas eine Scherenschnittarbeit von Adele Schopenhauer, »Amors Luftschloß«.

5 Johann Heinrich Meyer: Amor, seinen Köcher als Kahn benutzend. Supraporte, Kreide auf Papier. Um 1795.

Das Selbstbildnis des Braunschweiger Hofmalers wurde Goethe von dem gothaischen Geologen Karl Ernst Adolf von Hoff am 7. November 1825 anläßlich seines fünfzigjährigen Weimar-Jubiläums geschenkt.

6 Johann Christian Fiedler (1697–1765): Selbstbildnis. Öl auf Leinwand. 1765.

Der Landschaftsmaler Christian Gottlieb Hammer wurde am 25. September 1810 durch Goethe beauftragt, »eine Kopie in Aquarell von einer kleinen Landschaft« aus dem Besitz des Dresdner Galerieinspektors August Pechwells »welche Paul Pottern zugeschrieben wird« anzufertigen.

Die Aquarellkopie stimmt völlig mit Prellers Kopie überein. Das Original von Hermann Voß, Meinert Hobbema zugeschrieben, war bis 1924 in der Sammlung Wesendonck, Berlin.

7 Friedrich Preller d.Ä. (1804–1878) nach Meindert Hobbema (1638–1709): Holländische Dorfstraße. Öl auf Leinwand. Um 1825.

Die Begegnung mit einem der Teppiche der Raffaelschen Folge schildert Goethe in *Dichtung und Wahrheit* (2. Teil, 9. Buch). Anlaß für die Ausstellung des Teppichs in Straßburg war ein Empfang für die französische Königin Marie Antoinette, geb. Erzherzogin von Österreich.

Raffael schuf seine Kartons mit Szenen aus dem Leben der Apostel Paulus und Petrus auf Bestellung von Papst Leo X. Sie dienten als Vorlage für die Teppiche, die für die unteren Wände der Sixtinischen Kapelle im Vatikan vorgesehen waren. Die Teppiche wurden nach Raffaels Wunsch in Brüssel durch Pieter van Aelst unter der Leitung von Bernhart van Orley angefertigt und 1519 ihrer Bestimmung übergeben.

In den Jahren 1553 bis 1793 wurden sie zu Fronleichnam öffentlich ausgestellt. Goethe berichtet von seiner Besichtigung der Teppiche unter dem 8. Juni 1787 in der *Italienischen Reise.* Die von Dorigny 1711–1719 unter dem Patronat der englischen Königin Anna nach den damals in Hamptoncourt aufbewahrten Originalkartons geschaffene Kupferstichfolge machte Raffaels Spätwerk für weite Kreise zugänglich. Goethe erwähnt die Kupfer auch in der *Italienischen Reise.* Die Herkunft der beiden in seinem Besitz befindlichen Blätter konnte bisher nicht ermittelt werden.

8 Nicolas Dorigny (1658–1746) nach Raffael (1483–1520): Heilung des Lahmen. Szene aus einer Folge von acht Blättern zum Leben der Apostel Petrus und Paulus nach Raffaels Teppichkartons, 1515/16. Kupferstich. 1711–1719.

9 Nicolas Dorigny nach Raffael: Das Opfer von Lystra. Szene aus einer Folge von acht Blättern zum Leben der Apostel Petrus und Paulus nach Raffaels Teppichkartons, 1515/16. Kupferstich. 1711–1719.

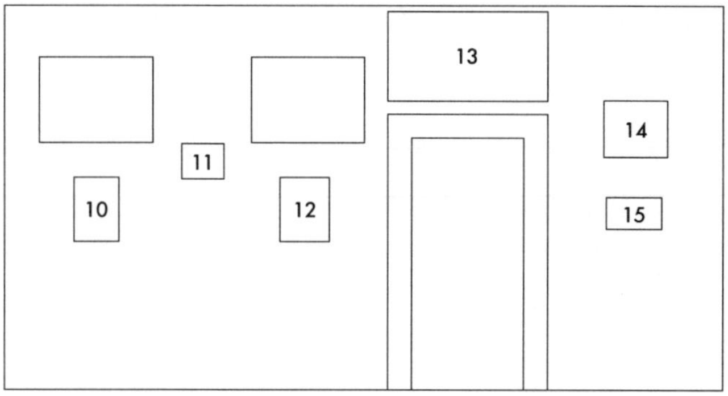

10 Unbekannter italienischer Künstler (1. Viertel 16. Jh.) und Peter Paul Rubens (1577–1640): Die Heilige Familie auf der Flucht nach Ägypten. Rötel, Kreide, Feder, in Braun, laviert, Höhungen mit gelber Kreide.

Es wird vermutet, daß das Blatt durch Friedrich Bury in Rom für Goethe gekauft wurde. Bekannt sind mehrere Beispiele für Überarbeitungen von Zeichnungen durch Rubens' Hand. Dabei handelt es sich zumeist um italienische Blätter, die sich offenbar in der Sammlung des Niederländers befanden. Goethe besaß zwei dieser Arbeiten (vgl. Junozimmer, Nr. 14).

11 Unbekannter deutscher Künstler: Bildnis eines alten Mannes. Pinsel, Feder, Aquarell und Deckfarben. 1. Viertel 16. Jh.

Das Porträt wurde 1959 von der Familie Vulpius für das Goethehaus erworben.

12 Carlo Maratti (1625–1713): Josephs Traum und die Flucht nach Ägypten. Rötel und Pinsel in rötlichem Braun, über Kreide in Schwarz, laviert. Undatiert. Alte Zuschreibung.

13 Johann Heinrich Meyer: Flötender Amor vor Psyche. Supraporte, Kreide auf Papier. Um 1795.

14 Unbekannter Künstler nach Antonio Allegri, gen. Correggio (um 1454–1534): Teilkopie der Madonna mit dem Kaninchen, gen. Zingara, um 1515. Öl auf Leinwand. 18. Jh.

Das Bild war Goethe aus der Lektüre von Mengs' Schriften über Correggio bekannt. Eventuell hat er das Original des Gemäldes 1787 in Neapel gesehen. Belegen läßt sich diese Behauptung nicht. Die Frage der Erwerbung ist nicht ermittelt, aber ein Brief Goethes vom 21. Mai 1793 an Bertuch während der Belagerung von Mainz mit der Bitte geschrieben, »das bekannte Bild der Muttergottes mit dem

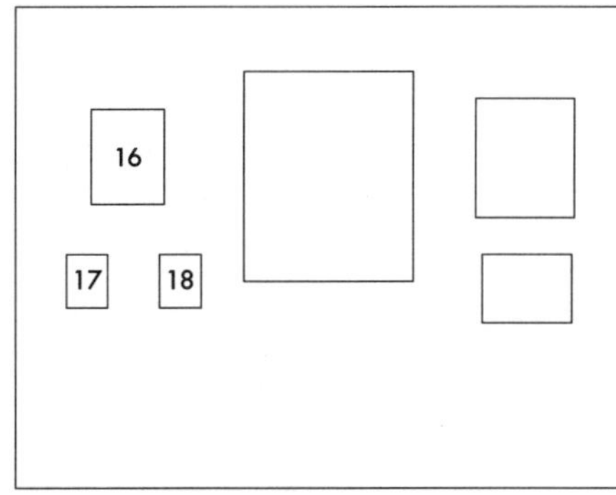

Kinde von Correggio's Komposition in ein Kästchen wohlverpackt« an ihn zu senden, kann sich durchaus auf dieses Gemälde beziehen.

Eine weitere Kopie der sog. Zingara hat er 1797 beim Besuch des »Städelschen Kabinetts« in Frankfurt am Main gesehen.

15 Don Silvestro Glurarducci: Christus mit Maria und Johannes. Predellentafel mit Pieta. Tempera mit Goldgrund auf Holz. Ende 14. Jh. Als mögliche Zuschreibung angegeben von Gaudenz Freuler, Florenz.

16 Lucas Cranach d.J. (1515–1586): Kinderbildnis Johann Friedrich II. des Mittleren, Kurfürst von Sachsen. Öl auf Holz. Um 1540.

Das Bildnis wurde aus dem Besitz der Familie Vulpius für das Goethehaus zurückerworben. Eine Zeichnung vom Porträt des Prinzen von Lucas Cranach d.J. befindet sich im Museum der Schönen Künste in Reims.

17 Unbekannter Künstler: Johann Georg I., Kurfürst von Sachsen, und seine Gemahlin Sibylle Elisabeth, geb. Prinzessin von Württemberg. Öl auf Holz. 1. Hälfte 17. Jh.

»Es fehlt den Figuren an Zeichnung und Proportion, die Ausführung aber ist ganz vollkommen«, urteilt Goethe in seinem Brief vom 8. August 1814 an den Sohn August über das von Helfrich Bernhard Hundeshagen geschenkte Doppelporträt.

18 Unbekannter deutscher Künstler: Weibliches Bildnis. 1. Hälfte 16. Jh.

Christian Schuchardt vermerkt, daß es sich um ein Porträt der Katharina von Bora handeln soll.

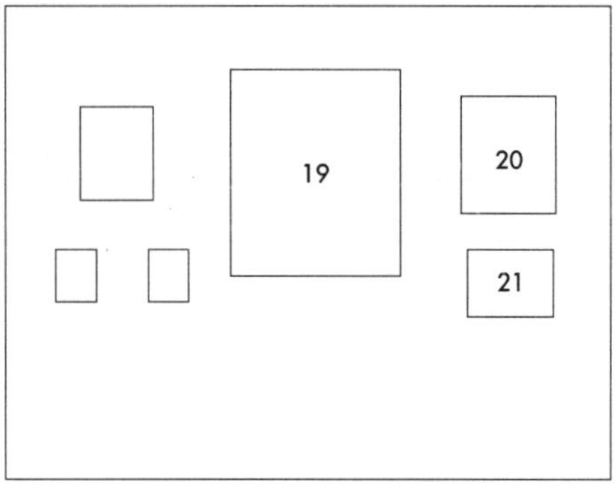

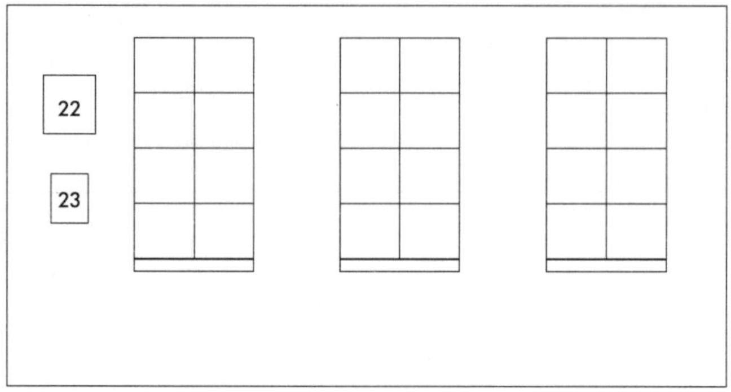

19 Federico Barocci, gen. Fiori da Urbino (1526/28–1612): Francesco Maria II. della Rovere, Herzog von Urbino. Öl auf Leinwand. Um 1590.

Das Bildnis des Herzogs von Urbino gilt als eigenhändige Arbeit Baroccis. Der Maler wurde zur Goethezeit sehr geschätzt. Von Goethe selbst sind nur wenige Aussagen zu ihm überliefert. Das umfassendste Urteil findet sich in der gemeinsam von Goethe und Meyer verfaßten Schrift *Winkelmann und sein Jahrhundert* (1805): »Man wird freilich den Friedrich Barocci, der, mit eigentümlichem Talent, geistreich, lieblich, ja manchmal unübertroffen zart gedacht ⟨...⟩ und andere als Ausnahmen ⟨von dem Niedergang der Kunst⟩ erkennen müssen«. Das Bildnis des Herzogs von Urbino wurde 1788 von Friedrich Bury in Rom gekauft. Am 1. Juni 1788 schreibt er begeistert nach Weimar: »es gehört zwischen das noch zu sehr Gemalte von Titian und das allzu Strenge von Holbein, welches denn nach meiner Meinung der Natur am Nächsten kommt; die Hand ist so schön wie eine antike, der Charakter hat viele Ähnlichkeit mit dem Tasso, die Kleidung ist schwarz, die Stellung natürlich, und das Beste: es ist ganz unbeschädigt.«

Positive Urteile der in Rom lebenden Künstler Friedrich Rehberg, Johann Georg Schütz und Angelika Kauffmann mehrten Goethes Interesse. Es wird angenommen, daß das Gemälde zwischen 1790 und 1792 in seinen Besitz kam.

20 Unbekannter ferraresischer Künstler: Anbetung der Könige. Tempera auf Holz. 1. Hälfte 16. Jh.

21 Unbekannter bolognesischer Künstler: Rebekka am Brunnen. Öl auf Leinwand. 1. Hälfte 17. Jh.(?).

22 Bernardino di Bosio Zaganelli(?), gen. Bernardino da Cotignola (1460/70–1512): Christus, das Kreuz tragend. Öl auf Holz. Undatiert.

23 Unbekannter, vermutlich italienischer Künstler: Kinderköpfchen. Öl auf Papier. 1. Hälfte 17. Jh.(?).

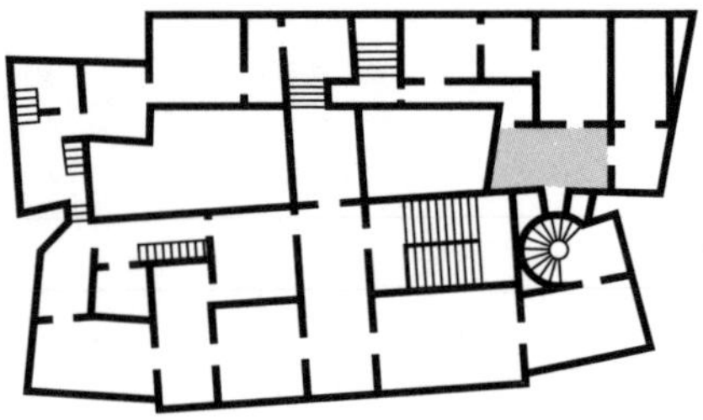

Vom Urbinozimmer gelangt man in den westlichen Flur des Vorderhauses. Eine bequeme Wendeltreppe führt hinauf in die Mansarde. Dem Flur schließen sich, etwas tiefer gelegen und über einige Stufen zu erreichen, Goethes private Räume an. Mit Vorzimmer, Arbeitszimmer, Bibliothek, Schreibzimmer und Schlafkammer bildeten sie das Refugium für zurückgezogenes Arbeiten und waren zugleich Künstlerwerkstatt, Forschungsstätte und Kanzlei mit Schlaf- und Ruheraum in nächster Nachbarschaft.

Schon 1782, als Goethe noch zur Miete am Frauenplan lebte, gehörte dieser Teil des Hauses zu seiner Wohnung. Später, nach seinem erneuten Einzug im Jahre 1792, wurde durch bauliche Veränderungen die noch heute bestehende Anordnung der Räume geschaffen. Handwerkerrechnungen zeigen, daß anfangs einige Zimmer noch anders genutzt wurden (nach einer Mitteilung von Jürgen Beyer, Weimar). So diente das spätere Schreibzimmer einige Zeit als Bibliothek und die heutige Bibliothek als Schlaf- und Garderobenraum.

An der Schwelle zum Vorzimmer wird die Trennung von repräsentativem und privatem Bereich sofort offenkundig. Die Schlichtheit der Einrichtung muß als programmatische Selbstbeschränkung verstanden werden. »Eine Umgebung von bequemen geschmackvollen Meublen hebt mein Denken auf, und versetzt mich in einen behaglichen passiven Zustand«, ist in einer Gesprächsnotiz Johann Peter Eckermanns, des Chronisten der letzten Lebensjahre Goethes, vom 25. März 1831 zu lesen.

Diese persönlichen Räume Goethes mit dem Arbeitszimmer im Zentrum vergegenwärtigen bis heute die individuellen Ansprüche, Bedürfnisse und Gewohnheiten ihres Bewohners, da sie, anders als die übrigen Teile des Hauses, von fremden Eingriffen weitgehend verschont geblieben sind.

Das Vorzimmer mit seinem rechteckigen Grundriß überbrückt die Hofdurchfahrt und ist damit die westliche Verbindung zwischen Vorder- und Hinterhaus. Seine beiden Fenster befinden sich auf der nach dem Hof gelegenen Schmalseite.

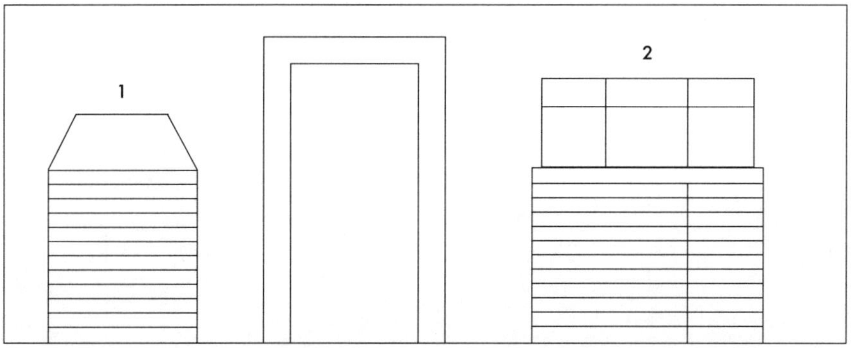

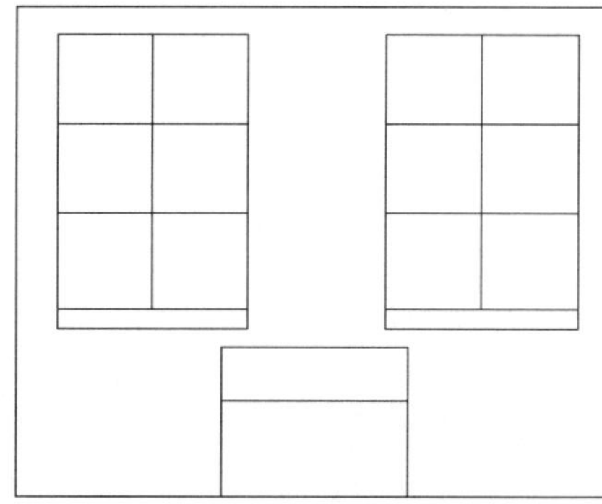

Die Sammlungsschränke, zwei davon nebeneinander stehend und durch verglaste Aufsätze verbunden, bestimmen die Gestalt des Raumes. Sie beherbergen etwa den zehnten Teil der 18 000 Stücke umfassenden geologischen Sammlung Goethes, u.a. die Klasse der Metalle und Brände aus der systematischen Mineraliensammlung, Thüringer Suiten, so eine kleine Kollektion aus der Dornburger Gegend mit einigen Stufen des dort vorkommenden Coelestins, eine ebenfalls nur wenige Stufen zählende Suite vom Kyffhäuser und vor allem die »Folge der Gebirgsarten des Thüringer Waldes«, die Johann Carl Wilhelm Voigt in den Sommermonaten der Jahre 1780 und 1781 zusammenstellte, als er im Auftrage Goethes das Weimarer Herzogtum zu geologischen Studien durchreiste. In einer kleinen Schrift faßte Voigt die Ergebnisse seiner Exkursion zusammen: »Mineralogische Reisen durch das Herzogtum Weimar und Eisenach und einige angränzende Gegenden« (Dessau 1782). Noch vor dem Erscheinen der Schrift kam die zugehörige Belegsammlung in Goethes Besitz. Voigt weist in seiner Arbeit darauf hin: »Eine vollständige Sammlung von allen Steinarten und anderen Mineralien, deren meine Beschreibung gedenkt, besitzt hier zu Weimar der Herr Geheimderat von Göthe, und ich bin von der Güte dieses verehrungswürdigen Gönners der Mineralogie zu sehr überzeugt, als daß ich nicht zweifeln sollte, daß nicht ein jeder, der der Sache kundig ist, Erlaubnis erhalten werde, diese Sammlung beaugenscheinigen zu dürfen«.

Neben weiteren regionalen Sammlungen sind die sogenannten Zinnsuiten in den Mineralienschränken im Vorzimmer untergebracht. Sie dokumentieren die bergbaugeologische Situation von Zinnerzvorkommen verschiedener Gegenden.

1, 2, 5 Mineralienschränke mit verglasten Aufsätzen. Nadelholz, grau gestrichen.

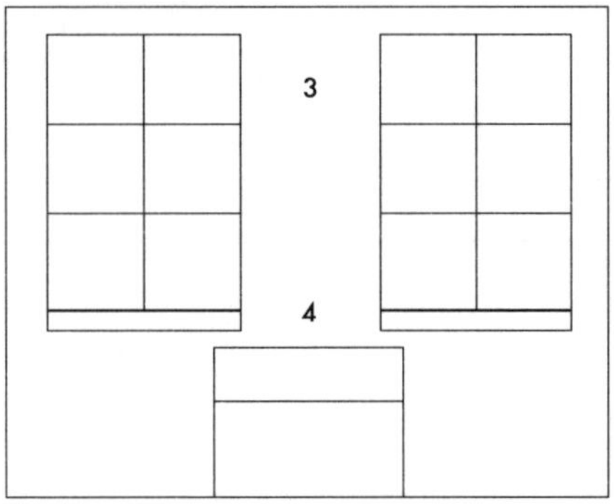

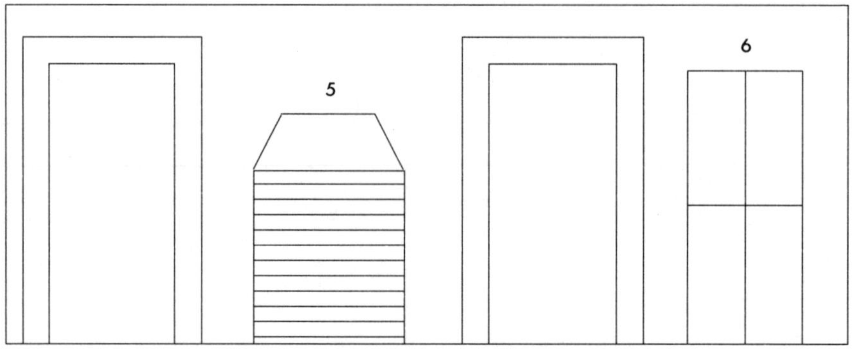

3 Standuhr. Gehäuse Eiche, gebeizt. Werkstatt Carl Hoff, Frankfurt am Main.
Mitte 18. Jh.

Die Decke des niedrigen Vorzimmers mußte ausgehöhlt werden, damit das Erinnerungsstück aus dem Frankfurter Elternhaus an seinem neuen Bestimmungsort aufgestellt werden konnte, an den es 1828 als Geburtstagsgeschenk Georgs von Mecklenburg-Strelitz gelangte. Der Großherzog wollte damit Goethe einen besonderen Beweis der Sympathie und wenige Wochen nach dem Tode Carl Augusts von Sachsen-Weimar und Eisenach auch ein Zeichen der Anteilnahme am Verlust des lebenslangen Gefährten erbringen. Ein Brief vom 18. Juli 1828 kündigt das Geschenk an: »Ich weiß was Sie verloren haben, was, in dieser Beziehung, die Gegenwart wie die Zukunft Ihnen zu bieten vermag, und diese Gedankenweise erzeugt einen Schmerz in mir für den ich keine Worte habe. Sie trösten zu wollen? Diese schwachsinnige Idee trauen Sie mir nicht zu; daß aber der stets rege Wunsch, Sie eine, wenn auch nur unbedeutende Blume auf Ihrem Wege finden zu lassen, jetzt inniger mein Herz erfüllt als je, das werden Sie eben so gut begreifen als freundlich beherzigen, und somit hätten Sie denn darüber Aufschluß was die Erscheinung der alten, auch mir so teuren, Uhr eigentlich sagen will, welche, wenn es meiner Absicht gemäß geht, die erste Stunde des 28. Augusts Ihnen anzeigen soll, so wie sie dieses Geschäft in frühester Kindheit schon oft übernahm.«

4 Tisch. Nadelholz, Eiche gebeizt. Capriolbeine, Zargen geschweift. Rokoko.
Ein Teil der Tischplatte ist für die Aufstellung der Standuhr herausgeschnitten worden.

6 Kleiderschrank. Nadelholz, grau gestrichen. Zweitürig, verändert.

Eine geöffnete Tapetentür an der Westwand des Vorzimmers gibt den Blick frei in die Bibliothek.

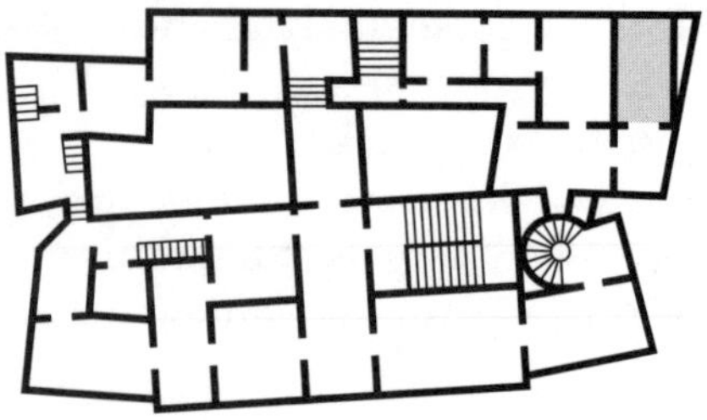

Die Aufstellung der Repositorien, Pulte und Wandschränke ist seit Goethes Tod unverändert geblieben. Dagegen konnte die einstige Ordnung der 5424 Titel – das sind fast 7000 Bände – nach der im Zweiten Weltkrieg erforderlich gewordenen Auslagerung nicht mehr bis ins einzelne rekonstruiert werden. Die Abstände der Regalböden weisen auf die übliche Aufbewahrung der Bücher nach Formaten hin. Alte Regalbeschriftungen – über ihre Anbringung gibt eine Tagebuchnotiz vom 25. Februar 1813 Auskunft: »Überschriften in der Bibliothek angeheftet« – vermitteln näherungsweise eine Vorstellung von der ursprünglichen Rubrizierung durch Goethe. Etwa ein Viertel der Titel läßt sich dem Bereich Literatur, Sprache und Literaturwissenschaft zuordnen, geisteswissenschaftliche und naturwissenschaftliche Literatur ist jeweils in annähernd gleichem Umfang vorhanden, hinzu kommen Titel zur bildenden Kunst, Architektur und Musik, Journale, Almanache, Lexika und Varia. Außerordentlich aufschlußreich für Goethes Arbeitsweise sind zahlreiche Anstreichungen und Randnotizen in den Büchern. Ein schlüssiges Bild vom Umgang des Dichters mit literarischen Quellen ergibt sich jedoch erst, wenn man berücksichtigt, daß auch die Herzogliche Bibliothek in Weimar und andere Büchersammlungen ausgiebig von Goethe in Anspruch genommen wurden.

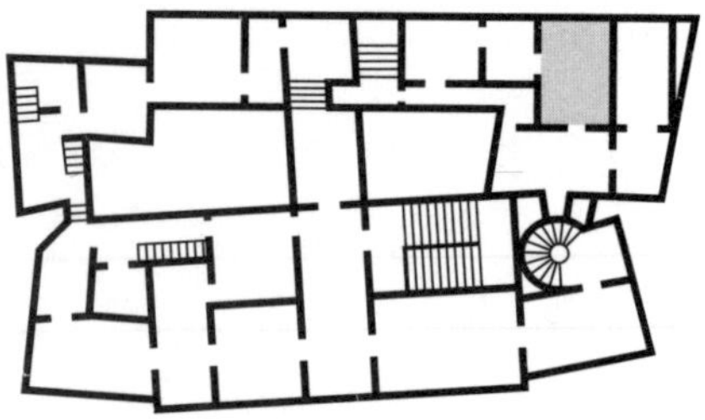

Vierzig Jahre wechselvollen Lebens und individueller Entwicklung zogen zwangsläufig auch Wandlungen in der Gestaltung der Wohn-, Arbeits- und Wirtschaftsräume nach sich. Durch die Umsicht der von Goethe beauftragten Testamentsvollstrecker, später dann der erwachsenen Enkel und der verantwortlichen Kustoden, wurde das Arbeitszimmer bis heute in dem zu Goethes Tod vorgefundenen Zustand bewahrt.

Zweckmäßiges Mobiliar füllt den Raum. Kunstgegenstände, wie sie die Gesellschaftszimmer schmücken, fehlen. Etwa 150 Bücher – Nachschlagewerke, eigene Publikationen Goethes, Almanache, Bibeln – stehen als kleiner Handbestand griffbereit in den Regalen über den Schreibtischen. Naturwissenschaftliche Schaustücke bilden einen eigenwilligen Kontrast zu der Vielzahl zeittypischer Präsente und Erinnerungsstücke.

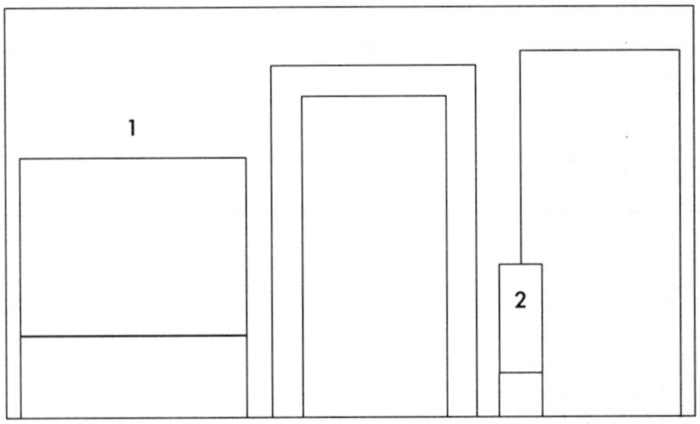

1 Schreibtisch. Kiefer/Buche. Mit sieben Schubladen und Regalaufsatz.

2 Ofenschirm. Holzrahmen mit geschweiften Füßen, Birnbaum. Rahmen stoffbespannt und beidseitig mit Papiertapeten kaschiert.

Im Unterschied zur einfachen mit marmorierter Tapete gestalteten Rückseite ist die Vorderseite des Schirmes mit einer in aufwendigem vielfarbigen Modeldruck hergestellten Tapete geschmückt. Das Dekor besteht aus einer Pelargonie in ornamental verziertem Gefäß.

3 Schreibsekretär. Birnbaum. Louis XVI. Oberteil mit mehreren Schubladen durch Rolläden verschließbar. Unterteil mit sieben Schubladen.

4 Erdglobus. Kolorierter Kupferstich von J.W. Schleuen, Berlin, nach einem Entwurf von Daniel Friedrich Sotzmann. Hergestellt in der Werkstatt von D. Behringer, Nürnberg. 1798.

Die Karte ist in zwölf Segmentstreifen und zwei Polkappen auf den Kugelkörper aufgeklebt. Sie stellt die Erde nach dem geographischen Kenntnisstand des 18. Jahrhunderts dar. Der Globus ruht auf einem Holzgestell aus Ahorn, dessen Beine mit vergoldeten Gipsrosetten geschmückt sind. Auf der Hauptlegende ist zu lesen: »Die Erdkugel, worauf alle Entdeckungen, welche der Capitain Jakob Cook auf seinen 3 großen Weltreisen vom Monate April 1768 bis zum 14. Februar 1779, und nach ihm die Engl. Schiffscapit. Portlock und Dixon in den Jahren 1785 und 1788 gemacht haben, befindlich sind. Nach astrono-

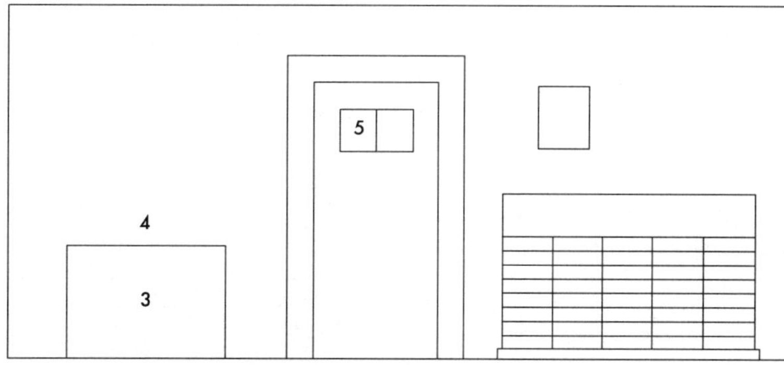

mischen Beobachtungen entworfen im Jahre 1791 von D.F. Sotzmann, G.Kr.S. und Geogr. Acad. d.W. zu Berlin. – im Verlag des Mechanici Beringer zu Nürnberg 1792. J.W. Schleuen Sculps. Berol.«

Goethe hatte den Globus im November 1797 auf dem Rückweg von seiner dritten Reise in die Schweiz selbst in Nürnberg bestellt. Er berichtete darüber in einem Brief an Karl Ludwig von Knebel. Mit dem Versand und der Bezahlung beauftragte er den Nürnberger Kaufmann Paul Wolfgang Merkel. »Der geschickte Mechanikus Herr Behringer«, heißt es in einem Brief an Merkel vom 31. Januar 1798, »wird, nach seinem Versprechen, in kurzer Zeit einen Erdglobus für mich fertig haben; dürfte ich bitten solchen von ihm wohl eingepackt zu übernehmen, allenfalls noch eine Stroh Emballage zu besorgen und solchen auf dem Postwagen an mich abzusenden? Zugleich wünschte ich daß Sie die Güte hätten gedachtem Herrn Behringer dagegen 28 fl. ⟨Florin, französische Bezeichnung für Gulden⟩ auszuzahlen.«

An der Tür zum benachbarten Schlafzimmer sind mehrere Tabellen angebracht:
5 Postkurs-Tabelle.

Die gedruckte Tabelle führt in der Art eines Fahrplanes die Weimar nach verschiedenen Richtungen passierenden Postkutschen (Brief- und Packwagen) an.

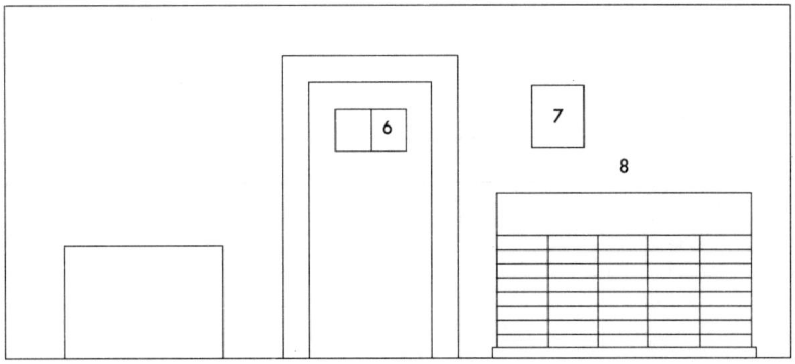

6 Politische Tabelle 1828-1830. Schematische Darstellung politischer Ereignisse, die von 1828 bis ins Vorfeld der Julirevolution in Frankreich vorgefallen sind. 1828 und 1829 Schreiberhand; 1830 Goethe, eigenhändig, Bleistift.

Die Erschütterungen im Europa der Restaurationsepoche und die republikanische Entwicklung in Süd- und Nordamerika zwischen 1828 und der französischen Julirevolution 1830 versuchte Goethe mit diesem Schema übersichtlich zu vergegenwärtigen. Beachtet wurden Krisenanzeichen der konstitutionellen Systeme in Frankreich, Irland, Spanien, Portugal und Schweden, die politische Entwicklung in Griechenland, den Niederlanden und im Deutschen Bund, der Krieg zwischen Rußland und der Türkei, die politische Einflußnahme der Jesuiten, die amerikanische Präsidentenwahl sowie Simón Bolívars Wirken als republikanischer Führer und Souverän.

»Das Jahr 1828 und 29. Nach Herrn von Gagerns Rubriken in Parallel gestellt«, vermerkt Goethe am 25. Januar 1830 in seinem Tagebuch. Kanzler Friedrich von Müller ist zwei Tage später dabei, als die Tabelle »an seine Schlafzimmertüre angenagelt« wird. Der Rubrikentext findet sich wörtlich in einem Brief des Diplomaten Hans Christoph Ernst Freiherr von Gagern an Kanzler von Müller vom 21. Dezember 1828, den Goethe am Weihnachtstag kopieren ließ (nach einer Mitteilung von Marcus Ritter, Basel). Gagern konstatierte darin »eine Crisis in vielen Dingen des Jahres 1828« und zählte 13 Krisenherde auf. Diese verfolgte Goethe 1829. Die Entwicklung des Jahres 1830 notierte er fortlaufend mit Bleistift, setzte aber die Arbeit nach dem Ausbruch der Revolution in Paris am 27. Juli nicht mehr weiter fort.

Über dem Großen Stehpult:
7 Sieben Tonschieferplatten mit Quarzgängen im Schaukasten.

Während einer mehrmonatigen Reise in die Rhein-Main-Gegenden im Jahre 1815 fand Goethe die Tonschiefertafeln bei einem Ausflug in das Lahntal. Sie sind ein Zeugnis seiner Auseinandersetzung mit den zeitgenössischen Theorien Charpentiers, Trebras und Werners über die Entstehung der Gänge (Spaltenausfüllungen aus Mineralien oder Eruptivgestein, die das vorherrschende ältere Gestein durchsetzen).

Des Fundes gedachte er in den *Tag- und Jahres-Heften* zu 1815: »Diese wichtige, von mir so oft betrachtete und immer geheimnisvollbleibende Erscheinung trat mir abermals vor die Seele, und ich hatte das Glück im Lahntal einer aufgehobenen Abtei ungefähr gegenüber, auf einer verlassenen Halde Tonschieferplatten mit kreuzweis laufenden sich mehr oder weniger verschiebenden Quarzgängen zu finden, wo das Grundphänomen mit Augen gesehen, wenn auch nicht begriffen doch wenigstens ausgesprochen werden kann.«

Die Einordnung der Fundstücke erfolgte zwei Jahre später, am 1. und 2. September 1817. »Die Gänge im Tonschiefer aus dem Lahnthal in Rahmen gebracht« und »Gangmuster in Ordnung unter Glas gebracht« lauten die Tagebucheintragungen.

8 Großes Stehpult. Unterschrank mit fünf Reihen von jeweils sechs Schubladen, darauf ein Pultaufsatz mit geneigter Arbeitsplatte, Nadelholz, gebeizt.

Auf dem Stehpult befinden sich neben vier Stufen aus der geologischen Sammlung Goethes weitere Objekte aus dem Umfeld seiner naturwissenschaftlichen Betätigung:

– Sechs hohle Halbkugeln. Papparbeit. Verschiedene Zeugnisse weisen darauf hin, daß Goethe diese Halbkugeln zusammen mit einer Schusterkugel für Experimente zur Ableitung des Regenbogens nutzte, so eine Tagebuchnotiz vom 23. Februar 1827: »Glaskugel aufgestellt auf Iris bezüglich. Genaue Beobachtungen. Auf die Pappe eine Hohlkugel aufgezeichnet.«

  Karl Leberecht Immermann, der im Jahre 1837 das Goethehaus besichtigte und von Friedrich Theodor Kräuter durch die sonst nicht zugänglichen Privaträume Goethes geleitet wurde, schreibt in seinem Bericht über den Besuch u.a.: »eine schwarzgefärbte Halbkugel aus Pappe, auf welcher Goethe mittels einer gläsernen Kugel voll Wasser bei hellem Sonnenschein alle Regenbogenfarben zu entzünden liebte. Damit hat er sich stundenlang, besonders nach dem Tode seines Sohnes, beschäftigen können, und seine größte Freude ist gewesen, wenn der bunte Schein sich so recht energisch hervorlocken ließ.«

– Tetraeder mit Farbsymbolik. Farbiges Papier. Den ursprünglich blau, rot, gelb und grün gefärbten, heute z.T. verblaßten Flächen des Tetraeders sind die Kategorien Verstand, Phantasie, Vernunft und Sinnlichkeit zugeordnet, die Goethe in einem Brief an Erbgroßherzogin Maria Pawlowna vom 2. Januar 1817 als die »Hauptkräfte unseres geistigen Wesens« bezeichnete.

– Spiegel.

– Flakon. Mit einem Stöpsel in Form einer Napoleonbüste. Opalisierendes Glas, in die Form geblasen. Flakon und Spiegel sind so auf dem Stehpult angeordnet, daß man von der Tür zum Arbeitszimmer aus Goethes »Urphänomen« beobachten kann.

Das Opalglas als trübes Mittel verleiht durchscheinendem weißem Licht eine gelbe Farbe, die sich bei zunehmender Trübe zum Gelbrot und Rot steigert. Vor schwarzem Hintergrund erscheint ein Blauviolett, das sich zu Blau entwickelt.

Johann Peter Eckermann war die kleine Plastik, deren unregelmäßige Form das Urphänomen mit seinen Steigerungen eindrucksvoll hervorbringt, bei seiner Rückreise von Italien im Fenster eines Straßburger Friseurs aufgefallen, und er hatte sie für Goethe erworben.

Zweieinhalb Wochen danach, am 13. Oktober 1830, hielt Goethe die Büste von Opalglas bereits in seinen Händen. In Briefen an Carl Friedrich Zelter vom 1. und 3. Februar 1831 erinnert sich Goethe des Geschenkes: »Eckermann, der, als wahrhafter Ali durchdrungen, ist, von dem hohen Begriff daß Licht und Dunkel im Trüben die Farben hervorbringen, hat mir eine kleine Büste Napoleons von Opalglas mitgebracht die allein eine Reise um die Welt wert ist. Sie steht der aufgehenden Sonne entgegen: Beim ersten Strahl derselben erklingt sie von allen allen, die sämtlichen Edelsteine ⟨überbietenden⟩ Glanz und Pracht-Farben. Fahr' ich fort sie gegen die Sonne zu richten so leistet sie solches den ganzen Tag.«

- Reißzeug. Zirkel aus Messing und hölzernes Dreieck.
- Tabelle zum Messen von Blitzen. Mit einem Quadratnetz überzogenes Papier in einem grünen Pappfutteral, dazu eine Glasscheibe und eine handschriftliche Erläuterung vom 16. August 1828. In der Erläuterung wird dargestellt, wie unter Anwendung des Strahlensatzes mit Hilfe des Quadratnetzes die Länge von Blitzen berechnet werden kann.
- Haar-Hygrometer mit Thermometer. Aus der Werkstatt H. Bohne, Weimar.

Am Rahmen des linken Fensters:
9 Memorandum für den Monat März 1832. »Ueber vorhandene Arbeiten in den beyden Gärten Sr. Excellenz des Herrn geheimen Raths und Staatsministers von Göthe«. Handschriftlich mit der Unterschrift des Gärtners Ferdinand Herzog, 26. Februar 1832.

Diese Aufstellung faßt in zwölf Punkten die Frühjahrsarbeiten zusammen, die im März in den beiden Gärten Goethes zu erledigen waren. So plante der Gärtner beispielsweise das Verschneiden der Bäume und das Ausbessern der Zäune. Die Beete für die frühen Kulturen mußten umgegraben und die »Spargelländer« hergerichtet werden, die am Spalier gezogenen Aprikosen hatte er zu beschneiden und anzubinden, die Säuberung der Blumenrabatten war vorgesehen, und wo nötig, sollte gedüngt werden.

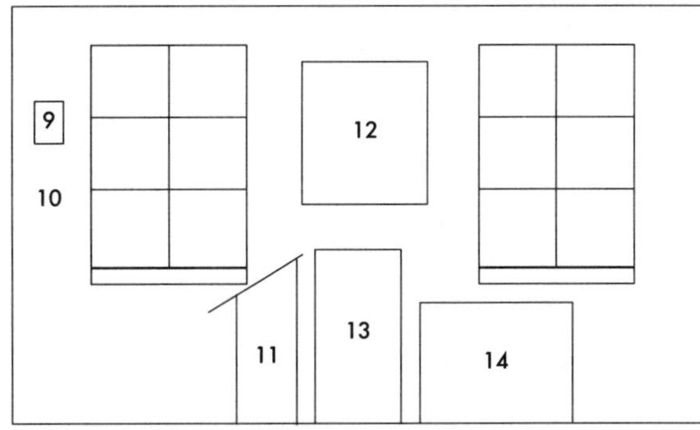

10 Thermometer. Aus der Werkstatt H. Bohne, Weimar.

11 Kleines Stehpult. Eiche, gebeizt. Höhe und Neigungswinkel der Arbeitsplatte verstellbar.

Darauf:
- Spanschachtel. Unbehandeltes Nadelholz. Inhalt: Skeletteile eines Fisches, Muschelschale und Pflanzenreste.
- Steingutteller. Einfaches, cremefarbenes Gebrauchsgeschirr ohne Marke. Mit Erde gefüllt.
- Glas mit rotem Farbpigment (Zinnober, HgS).

12 Wandspiegel. Holzrahmen grün gefaßt, z.T. vergoldet.

13 Stehpult. Birnbaum, poliert. Louis XVI. Mit neun Schubfächern und aufklappbarem Deckel.

Darauf:
- Tischuhr. Gehäuse Nadelholz mit schwarz poliertem Ahornfurnier.
- Holzschale. Achteckig, lackiert, mit eingeklebtem Landschaftsbild (kolorierter Kupferstich, lackiert). Darin: Uhrschlüssel.
- Handleuchter. Kupfer, versilbert.
- Kelchglas. Böhmisch, geschliffen, gesteinelt, auf quadratischer Plinthe, partiell mit Gelbbeize.

14 Tisch. Nadelholz. Mit drei Schubladen und Randleisten an drei Seiten.

Der Tisch wurde erst kurz vor Goethes Tod im Arbeitszimmer aufgestellt und war für die Enkel bestimmt.

Auf dem Tisch:
- Schreibzeug. Gelb lackiertes Zinnblech. Mit Darstellung der »Tellen Platte« (Vierwaldstätter See) in Kupferstichumdruck. Mit Tintenfaß und Streusanddose aus geschliffenem Glas. Eine Notiz auf der Rückseite des Schreibzeuges gibt Auskunft über die Erwerbung: »Geschenk des Apapa's Weihnachten 1831 mit dem Schreib-

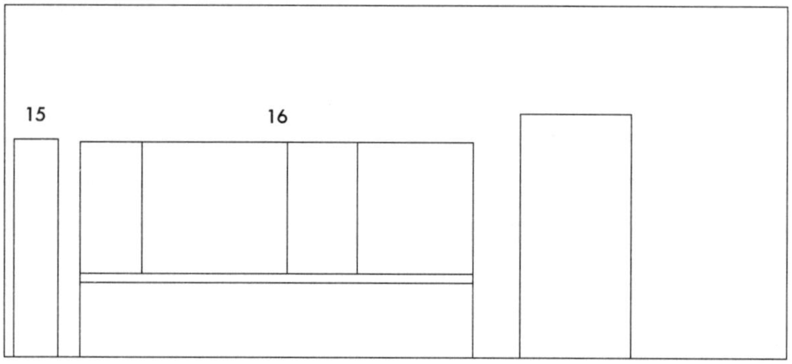

tisch welcher noch in seiner Stube unter dem Fenster steht. Wolfgang von Goethe«.
– Zwei Handleuchter. Messing, getrieben.
– Pappkasten. Rechteckig, mit marmoriertem Papier beklebt. Darin: Teile eines Schreibzeuges, eine runde Pappschachtel mit Stoffresten, eine geschwärzte Glasplatte, Kupferstichplatte mit Kreuzigung. Um 1700, Volkskunst.
– Papierhalter. Mahagoni. Auf der Vorderseite Stickerei, Seide auf Stramin mit der Darstellung antiker Masken.

15 Regal. Nadelholz. Mit vier Fächern.

In den oberen Fächern:
– Sechs Ordner aus Pappe mit den Aufschriften »Kunst und Altertum«, »Romantik«, »Morphologie«, »Biographica«, »Philologica«, »Fremde Poesie« und ein siebenter, unbezeichneter Ordner.
Im unteren Fach:
– Papierkorb. Kastenförmig. Weidengeflecht.
Darin:
– Stock mit geschnitztem Knauf in Form eines lachenden männlichen Kopfes mit Zipfelmütze. Stechpalme. Goethe vermerkt am 8. Oktober 1828 im Tagebuch: »Besuchte mich Herr George von den Steenhof, ein stattlicher Mann, von Baden Baden kommend und mir einen Spazierstock von Ilex aquifolium verehrend, mit geschnitztem Knopfe.«
– Stock mit geschnitztem Knauf in Form eines Wiedehopfes (Hudhud). Stechpalme. Der Stock war ein Geschenk Marianne von Willemers, das Goethe zusammen mit anderen Gaben zum 70. Geburtstag übersandt wurde.

Ein Brief Mariannes vom August 1819 spielt auf die vertraute Beziehung zu Goethe an und verweist auf die Symbolik des Liebesboten Hudhud aus der orientalischen Sage: »Bei einem Spazier-

gang mit Boisserée führte unser Weg durch einen Wald, der von der Abendsonne herrlich beleuchtet, überdies mit Stechpalmen reichlich durchwachsen war, deren grünes Gold, vom Sonnenglanz schimmernd, aus dem dunklen Schatten südlich und üppig hervorstach; und wahrhaftig Hudhud lief über den Weg und blieb auf dem Stamm einer Stechpalme sitzen. Ich trat zu ihm und sagte ihm nein, ich sagte ihm nichts, denn er weiß ja alles! Er versprach mir, alles pünktlich auszurichten und die Aufträge, wozu mir der Griffel und das Pergament fehlen, aus eigenen Mitteln zu bestreiten; auch wolle er auf jenen Tag dessen Feier wir immer im Stillen begehen, alle Herzenswünsche unter seine Fittiche nehmen und vor Ihren Füßen ausstreuen. Als Erinnerung an jenes heimliche Fest, an dem sich das Rohr zur Palme emporschwang, bringt er abermals eine Surrogatpalme mit die als Stütze gelten kann, um sich auf diese Weise dem Lorbeer und der Eiche zum Gesellen anzuschließen. Ist Hudhud nun treu, so hält er Wort und bringt auch Grüße mit zurück, wenn ihn sein Weg über die Mühle führt.«
Auf diesen Stock machte Goethe die Verse:

»Hudhud auf dem Palmensteckchen
Hier im Eckchen
Nistet äugelnd, wie charmant!
Und ist immer vigilant.«

16 Großer Schreibtisch. Ahornfurnier, angebaute Verlängerung. Eiche. Louis XVI. Unterteil mit sieben Schubfächern, als Oberteil zwei durch Rolläden zu verschließende Aufsatzschränkchen.

Neben einer Reihe von Büchern auf den Borden und in den Regalen stehen auf diesem eigenwillig konstruierten Schreibtisch viele persönliche Gebrauchs- und Erinnerungsstücke und als botanisches Kuriosum:

– Zwei Äste. Kreuzartig verwachsen.
– Rotweinflasche. Grünes Abrißglas, mit Goethe-Wappen versiegelt. Auf der inneren Flaschenwand kristalline Ausfällungen.
– Lichtschirm. Ahorn, poliert. Mit Straminstickerei. Die Anfangsbuchstaben der gestickten Blumen ergeben den Namen Goethe: Georgine, Orangenblüte, Enzian, Tulpe, Hyazinthe und Efeu. Der Lichtschirm ist eine Handarbeit Caroline Riemers, die sie Goethe am Vorabend seines 81. Geburtstages überreichte. Friedrich Wilhelm Riemer verfaßte zu dem Geschenk seiner Frau ein dem Jubilar gewidmetes Gedicht (nach Mitteilung von Dorothea Kuhn, Marbach):

Zueignung

Blumen sind es, die DICH grüßen:
Liebt die Blume doch das Licht!
Und den Ton, den sie verschließen,
Offenbar' ihn dies Gedicht!

Blumenkranz ⟨...⟩

Georginens Purpurtracht,
Königskron' umfaltend,
Offenbart des Genius Macht
Urbeginnlich waltend.

Der Orange Blütenduft,
Von Hesperiens Auen,
Haucht des Dichters Frühlingsluft
In des Nordens Gauen.

Ernstes Blau des Enzian –
Höh- und Tiefen-Spiegel –
Zieht den Geist so mächtig an,
Wie Geheimnis-Siegel.

Tulpe malt des Orients
Buntes Pracht-Entzücken,
Um hinfort des Occidents
Trüben Tag zu schmücken.

In dem Hyacinthen-Flor
Bunter Lilienstengel,
Spielt ein holder Doppelchor
Ernst- und heitrer Engel.

Efeu, ewig grün und jung
Und in Treu' beständig,
Ist der Stillbegeisterung
Frischer Sinn lebendig.

Wie nun Ende mit Beginn
Sich zum Kranze neiget,
Hat sich zu geheimem Sinn
Blum' und Wort verzweiget.

Sieh', es schließt ein Zauberwort
Sich in diesen Rahmen!
Blicke heiter denn hinfort
Auf den eignen – Namen.

– Lesepult. Fuß und Rahmen Nußbaum. Unter Glas auf rotem Samt: ornamentale Stickerei aus Fischschuppen und Silberdraht.

An der Wand zwischen den Schreibtischaufsätzen drei Medaillons:

– Bildnismedaillon Napoleon Bonaparte. Gipsabguß. Undatiert.
– Medaillon Jupiter. Gipsabguß.
– Lemaire(?): Bildnismedaillon Napoleon Bonaparte. Bronze mit Empirerahmen aus ornamentiertem Messingguß. Signiert: »Maire. F. Juin 1815 Vatterloo«. 1815.
– Visitenkarten. Die 155 auf eine Schnur gefädelten Visitenkarten kündigten Gäste des Jahres 1831 und der letzten Lebensmonate Goethes an. Zum einen waren es vertraute Personen aus dem Weimarer Umfeld, die Goethe ihre Aufwartung machten: Staatsminister Carl Wilhelm von Fritsch, dessen Bruder Friedrich August von Fritsch, Frédéric Soret, Kammerherr Friedrich Johann Christian Heinrich von Seebach, Oberhofprediger und Generalsuperintendent Friedrich Röhr, der junge Arzt Dr. Robert Froriep, Enkel des herzoglichen Schatullverwalters Friedrich Justin Bertuch. Johann Jakob Ludwig Geist, der neun Jahre als Diener und Sekretär in Goethes Diensten stand, bezeigte seinem ehemaligen Herrn als Hofrevisor »unterthänigsten Respekt«. Die Karte August von Herders ist ebenso vertreten wie die der Hofrätin Johanna Schopenhauer, die sich und ihre Tochter Adele ankündigte. Zum anderen finden sich Visitenkarten von Reisenden, Studenten, Diplomaten, Forschern oder Künstlern, die sich um eine Audienz bei Goethe bemühten.

Über die Chronologie der Besuche geben Goethes Tagebücher einigen Aufschluß, und manchmal gewähren sie sogar Einblicke in Atmosphärisches zwischen Gast und Gastgeber. Die Visitenkarte des Herrn Baron de Wolbock, eines französischen Diplomaten, wird durch eine Tagebuchnotiz vom 22. Juni 1831 mit zwei weiteren Ankündigungen in einen bemerkenswerten Zusammenhang gebracht: »Baron von Wolbock, führte drei Franzosen ein, die, wie sie sagten, von Paris unmittelbar nach Petersburg gingen: Mr. Hippolyte Cloquet, Docteur en Médecine, Membre de l'Académie royale de Médecine. Präsentierte sich gut und würde mir gefallen haben, wenn er nicht eine Brille auf der Nase gehabt hätte. Paul Gaimard, ein kleiner, schwarzköpfiger, zusammen genommener, nicht unangenehmer Mann; er hatte die Expedition mitgemacht, um die Reste von La Peyrouse aufzusuchen, erzählte kürzlich was sie für Überreste gefunden hatten und von den unberechenbaren Gefahren der Korallenriffe. Aug. Gérardin, eine große, behaglich wohl-

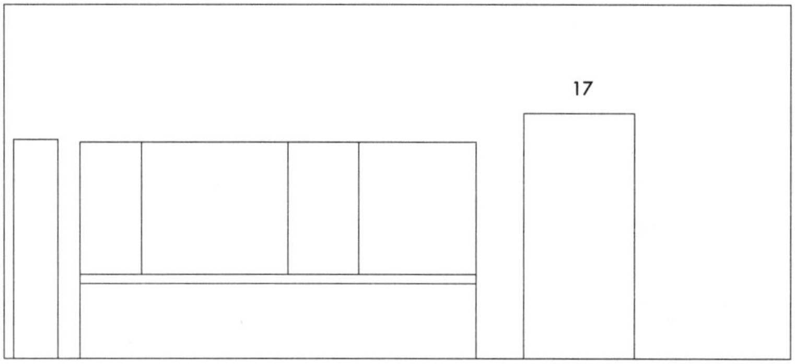

wollende Gestalt, wahrscheinlich ein Chirurgus, wie denn die ganze Expedition etwas Ärztliches zu haben schien.«
– Zwei Nadelkissen.
– Visitenkartenhalter. Leder, gepunzt.
– Schusterkugel auf Holzgestell. Glas, farblos. Gestell Ahorn: Bodenplatte, vier Säulen und Ring mit Gradeinteilung. Aus der Werkstatt H. Bohne, Weimar. Im Tagebuch notierte Goethe am 26. Februar 1827: »Mechanikus Bohne, wegen dem Gestell zur Glaskugel.« Siehe auch die Erläuterungen zur Nr. 8 (Abb. S. 133).
– Kästchen. Ahorn, gefirnißt. Deckel verziert mit Ölmalerei: Laubzweig und Rosenzweig mit Blüte. Messingfüße in Klauenform.
– Behälter für Bindfadenknäuel. Birke, gedrechselt.
– Lineal.

17 Bücherschrank. Pappelmaserholz, verglaste Tür. Sockel schwarz gestrichen. Neogotisch.

Dieser nach dem Zeitgeschmack modische Bücherschrank tritt gegenüber der übrigen einfachen Möblierung auffällig hervor. Er soll auf Drängen von Goethes Schwiegertochter Ottilie im Arbeitszimmer aufgestellt worden sein.

Eine Rechnung des Weimarer Tischlers G. Koltzer über 23 Reichstaler, ausgestellt am 10. August 1826, bekräftigt die Überlieferung: »Auf Güdiges Verlangen Ihro Hochwohlg. des Herrn Kammerherrn u Geheime Kammer Rat Goethe ⟨Goethes Sohn August⟩ habe gefertigt an Tischl. Arbeit Ein Bücherschrank von Papel Holz.«

Auf dem Tisch:

- Armkissen. Roßhaarpolsterung, mit Rips überzogen.
- Pappkasten. Rechteckig, mit marmoriertem Papier beklebt. Darin: Tintenfaß. Laubholz, gedrechselt. Ein handschriftlicher Vermerk des Goethe-Enkels Wolfgang Maximilian auf der Bodenfläche belegt seine Herkunft: »Tintenfaß des Vaters, Wolfgang von Goethe.« Streusandbüchse. Birke, gedrechselt. Vier geschnittene Gänsefedern. Glas mit eingetrocknetem Inhalt. Glasscherbe, geschwärzt. Pappkästchen mit Bindfadenknäuel und Papierstück.

Unter den Rechnungen Goethes haben sich keine Belege über den Erwerb der Stühle erhalten, doch ist mit hoher Wahrscheinlichkeit anzunehmen, daß sie aus der Werkstatt des Dessauer Kunsttischlers Johann Andreas Irmer stammen. Das Modell wurde seit 1770 in einer Auflage von mehreren hundert Stück gebaut. Die Entwürfe zu den Stühlen entstanden nach Vorbildern aus den Musterbüchern Thomas Chippendales. Stühle dieser Serie befinden sich auch im Speisesaal des Wörlitzer Schlosses.

In der Mitte des Raumes:

18 Tisch. Nadelholz. Rechteckig, mit zwei seitlichen Klappen zum Vergrößern der Tischfläche.

19 Vier Stühle. Birnbaum. Deutsche Chippendale-Nachahmung. Sitzfläche Roßhaarpolsterung mit schwarzem Stoffbezug.

20 Korbgestell. Rohrgeflecht.

21 Fußbank. Erle, poliert. Bezug aus Kreuzstichstickerei mit Blumenmotiven.

Schreibzimmer

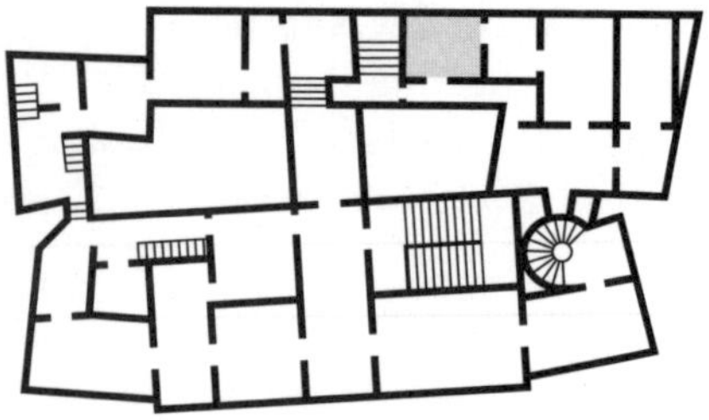

In diesem auch als Dienerzimmer bezeichneten Raum mit den zwei nach Süden gelegenen Fenstern hatten Goethes Schreiber ihren Arbeitsplatz. Hier wurden auch die Reinschriften der Diktate und Manuskripte angefertigt. Zum Ablegen der Akten wurden die eingebauten Schränke genutzt. Die weitere Ausstattung ist nicht erhalten geblieben; sie wurde durch zeitgenössisches Mobiliar ersetzt.

Über den kleinen Flur kann man sowohl in den Garten als auch in den Hof gelangen. Eine Tür verbindet die Kanzleistube mit dem Schlafzimmer.

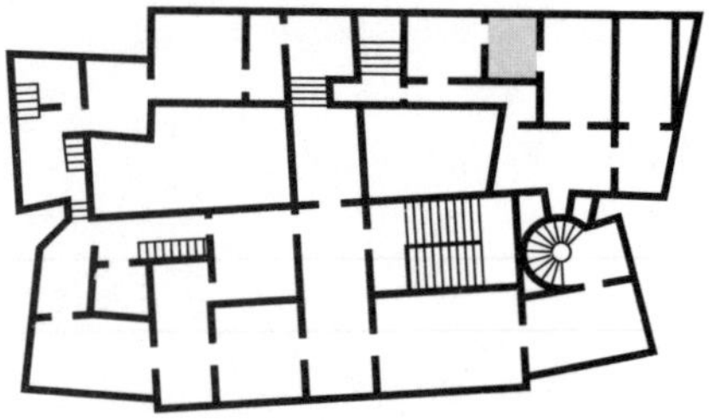

Die kleine Kammer in nächster Nachbarschaft zum Arbeitszimmer bestimmte Goethe zu seinem Schlafraum. Bis zum Tode seiner Frau Christiane gab es außerdem noch ein Schlafgemach im Vorderhaus, im späteren Majolikazimmer. An kalten Tagen zog Goethe auch in andere, besser zu heizende Räume des Hauses um; so notierte er im Oktober 1823, daß er »der Wärme wegen« im Deckenzimmer geschlafen habe.

In der schlichten Schlafkammer des Hinterhauses endete sein Leben am Vormittag des 22. März 1832. Im Sessel sitzend starb Goethe in Gegenwart seiner Schwiegertochter Ottilie »nach kurzem Kranksein, am Stickfluß in Folge eines nervös gewordenen Katharrhalfiebers. Geisteskräftig und liebevoll bis zum letzten Hauche«, wie es die Todesanzeige am folgenden Tag bekanntgab.

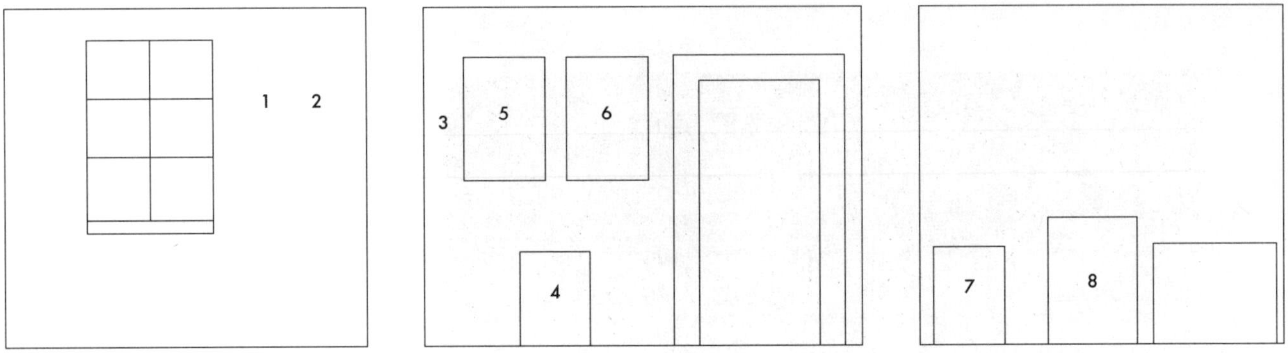

1 Barometer. Glasrohr auf brauner Holzplatte. Hergestellt von Friedrich Wilhelm Voigt, Mechaniker in Jena.

2 Barometer mit Thermometer. Glasrohr auf brauner Holzplatte. Hergestellt von Friedrich Wilhelm Voigt.

Im Jahre 1801 kaufte Goethe verschiedene Möbel von seinem Freund Knebel in Jena, die vorübergehend im dortigen Stadtschloß aufbewahrt wurden. Eine Liste, unterschrieben vom »Schloßvoigt« Nicolaus Trabitius, verzeichnet diese Möbel sowie unter den weiteren Gegenständen des zeitweiligen Depositums »ein Barometer von Voigt verfertigt«.

3 Wetterglas. Birnenförmiger Glaskörper mit daran befindlicher Tülle und einer Glasöse zum Aufhängen. Farbloses Glas, in die Form geblasen.

Das Wetterglas, eine niederländische Erfindung aus dem 17. Jahrhundert, wird mit Wasser gefüllt. Der Flüssigkeitspegel in der Auslauftülle zeigt die relative Änderung des Luftdruckes an.

4 Tisch. Nadelholz, braun lasiert.

5 Tabelle zur Tonlehre. Handschrift des Schreibers Johann August Friedrich John.

Die Tabelle stellt ein Schema zur methodischen Behandlung der Tonlehre dar. Für Goethe bezeichnend ist die ganzheitliche Sichtweise auf das Thema. Dem Organischen als subjektivem Aspekt der Tonlehre sind der Gesang, die Akustik und die Rhythmik subsumiert. Das Mechanische behandelt das Hervorbringen der Töne durch verschiedene (künstliche) Mittel, das Mathematisch-Objektive die Zahl und die Maßverhältnisse der Töne. Wie in der Farbenlehre schließt Goethe auch hier künstlerische Aspekte in seine Betrachtung ein.

Die von dem bedeutenden englischen Geologen Henry Thomas de la Bèche erstellte Tabelle reiht sich ein in die zeitgenössischen Bemühungen um eine Formationslehre (Stratigraphie). Sie stellte insofern ein Novum dar, als man in ihr außer der Abfolge der einzelnen Formationen auch deren Gesteinscharakter, die mittlere Mächtigkeit der Schichten sowie typische Fossilien aufgelistet findet.

Von Goethes Eigenart, sich mit tabellarischen Übersichten zu umgeben, berichtet Frédéric Soret, der Erzieher des Prinzen Carl Alexander, in seinen Erinnerungen: »13. Oktober 1830: Er zeigte mir botanische Tabellen, in denen er Pflanzennamen zusammengestellt hatte, lateinisch und deutsch, um sie zu lernen; früher war eins seiner Zimmer ganz damit tapeziert, und so lernte er auswendig, indem er immer an den Wänden entlang ging; er bedauerte, daß er das Zimmer später hat weißen lassen, ebenso wie ein anderes, dessen Tapete aus chronologischen Tabellen seiner Arbeiten durch eine ganze Reihe von Jahren hin bestand. Er braucht solche Tabellen wie ehemals in seiner Jugend noch heute als wirksame Hilfsmittel zum Lernen.«

6 Geologische Zeittabelle von Henry T. de la Bèche (1827): A Tabular and Proportional View of the Superior, Supermedial, and Medial Rocks; (Tertiary and Secondary Rocks).

Darauf:
- Porzellantasse. Zylinderförmig, weiß. Mit abgeriebenem Goldrand. Konische Unterschale. Ohne Porzellanmarke. Um 1800.
  Über dem Nachttisch:
- Thermometer. Messing, Glas. Hergestellt bei Petipierre, Hofmechaniker und Optiker in Berlin.

7 Nachttisch mit Schublade. Nadelholz mit Mahagonifurnier.

Marie Schuette vermutete, der Sessel sei ein Geschenk der Oberhofrätin von Egloffstein aus dem Jahre 1823, wahrscheinlicher ist jedoch, daß es sich um jenen Sessel handelt, von dem Eckermann unter dem Datum des 25. März 1831 berichtet: »Goethe zeigte mir einen eleganten grünen Lehnstuhl, den er dieser Tage in einer Auktion sich hatte kaufen lassen«. Da Goethe kein Verlangen nach Bequemlichkeit habe, werde er ihn jedoch wenig oder gar nicht nutzen, sondern weiterhin nach seiner Gewohnheit einen alten hölzernen Stuhl gebrauchen, dem erst seit einigen Wochen eine Art Lehne für den Kopf angefügt worden sei.

8 Polstersessel mit Armlehnen. Birnbaum, poliert. Bezug: grüner Wollstoff. Mit besticktem Kopfpolster und ebenfalls durch Stickerei (Blumenkranz) geschmücktem Sitzkissen.

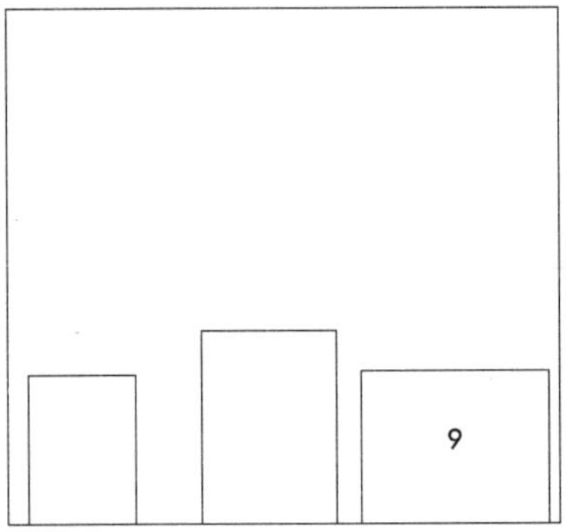

9 Bett. Nadelholz, hobelrauh. Mit Gurtboden und Matratze.

Über das Bett ist eine rosa Seiden-Steppdecke gebreitet. Aus konservatorischen Gründen mußte das zeitgenössische Textil durch eine Kopie ersetzt werden.

Über dem Bett:
10 Wandbehang. Starkes Leinen mit dunkelgrünem Modeldruck: Quadrate und Sechsecke mit stilisierten Blüten.

11 Augenschirm. Grünes Pergamentpapier, auf Drahtreifen.

R.H. Kahn geht in seinem Aufsatz »Goethes Augen« auf den Augenschirm ein: »Ein grüner Schirm, den er trotz dessen schlichter Konstruktion über den Augen trug, hatte eine Hautschädigung an der Stirn verursacht. Augenzeugen, welche diesen Schirm gesehen haben, geben an, der Greis habe sich damit gelegentlich einer ›Augenentzündung‹ gegen das Tages- und Lampenlicht geschützt.«

12 Klingelzug. Wollkordel, rot, gelb, orange. Kreuzstichstickerei mit Knüpfarbeit. Messinggriff.

13 Bettvorleger mit Fransen. Grau-braun kariert.

14 Fußbank. Gepolstert mit gesticktem Bezug (stilisierter antiker Kopf). Füße aus bronziertem Messingblech mit Bacchusköpfen. Seiten mit grünem Leder bezogen.

Nach dem Rundgang durch das Haus und den Garten kann im Hof die Goethesche Kutsche besichtigt werden, die der Dichter 1810 in Karlsbad erworben hatte. Seit 1992 befindet sie sich wieder an ihrem angestammten Platz in der Wagenremise, die u.a. auch für die Aufbewahrung von Feuerholz genutzt wurde.

Bei dem Wagen handelt es sich um eine Mischform von zwei Kutschengrundtypen, dem offenen und dem steifgedeckten Wagen. Darauf bezieht sich der gebräuchliche Fachterminus »Batarde«, der vom französischen Wort für Bastard abgeleitet ist. Gefahren wurde der Wagen zweispännig – bei trockenem Wetter ganz offen, bei Wind oder schwachem Regen mit leichtem Verdeck. Bei starkem Regen oder Schneefall gab es zwei Varianten, das Verdeck ganz zu schließen. Die »Batarde« eignete sich besonders für Stadtfahrten und kurze Reisen.

Bei trockener Witterung kann von Frühjahr bis Herbst der Goethesche Hausgarten besichtigt werden, in den man vom Innenhof über einen schmalen Gang und einige Stufen gelangt, die den Niveauunterschied zu dem höher gelegenen Grundstück überwinden. Einen zweiten Zugang ließ Goethe bei dem 1792 begonnenen Umbau des Hauses schaffen: Vor einem der Räume des Südflügels, der dann den Namen Gartenzimmer erhielt, wurde ein Altan mit einer Treppe zum Garten errichtet.

Als Goethe das Haus zu Michaelis 1792 erneut bezog, gehörte der östliche Garten noch der Nachbarfamilie Treuter. Erst 1817 konnte er auch diesen Teil des Anwesens zusammen mit dem Pavillon an der Ackerwand erwerben. Wie der Briefwechsel zwischen Goethe und seiner Frau Christiane zeigt, kam diesem Gartengrundstück eine wichtige ökonomische Bedeutung für das auf Gastlichkeit ausgerichtete Hauswesen zu. Obstbäume und Beerensträucher wurden gepflanzt, Kartoffeln und anderes Gemüse, selbst Spargel, angebaut. An der südlichen Hauswand konnten Aprikosen und Wein an Spalieren gezogen werden. Auch die Küchenkräuter kamen aus eigenem Anbau, und sogar Artischocken erntete man. Mitte Juli 1793 schreibt Christiane an den in Marienborn im Feldlager weilenden Goethe: »ich halte so viel als möglich alles in Ordnung. 〈...〉 Das Abendbrot wird meist im Garten verzehrt. Wenn Du nur wiederkömmst, wenn noch schöne Tage sind, daß wir noch mannichmal im Garten am Hause schlampampsen können, da freue ich mich darauf.« Und am 19. Juli 1793: »Heute habe ich zum ersten Mal aus dem alten Garten 〈beim Gartenhaus am Stern〉 Kirschkuchen gebacken, und aus dem Garten im Hause habe ich schon einmal Kohlrabi und zweimal Artischocken gegessen.«

Wie schon der Garten am Stern, so diente auch der Hausgarten als botanisches Experimentierfeld. Im »Lexikon der Gärtnerei und Botanik« beschreibt der Weimarer Hofgärtner Friedrich Gottlieb Dietrich, wie Goethe das Projekt eines nach der natürlichen botanischen Systematik angelegten Schaugartens verwirklichte: »Dieser Plan war im Jahr 1794 realisiert. In dem Garten des Herrn von Goethe wurden hiezu schickliche Beete abgeteilt, dann die einheimischen, auch ausländischen Gewächse, die in unserm Klima unter freiem Himmel gedeihen, angeschafft, auf die bestimmten Beete gepflanzt und in Gruppen zusammengestellt, so wie in Jussieus natürlichem System die Gattungen aufeinander folgen. Es versteht sich übrigens von selbst, daß in einem solchen beschränkten Raum nur niedrige Sträucher und krautartige Pflanzen aufgenommen wer-

den konnten. Manche Familien, z.B. die einheimischen Orchideen, Irideen, Liliaceen, Syngenesisten, Ranunkuleen und Rosaceen, wenn sie ihre lieblichen Blumen entfalten, boten den gelehrten Herren von Knebel, Herder, Einsiedel, Gerning u.a., auch wohl Frauen, welche den Garten besuchten, sehr angenehme und belehrende Unterhaltung dar, besonders dann, wenn Goethe selbst zugegen war, das Umwandeln der Pflanzen erklärte und über analytische Forschung freie Vorträge hielt«.

Zu den wichtigsten zeitgenössischen Zeugnissen über die Anlage des Hausgartens gehört ein kolorierter Stich von Eduard Lobe (siehe Abb.), der Goethe mit den spielenden Enkelkindern im Garten zeigt. In Annäherung an die um 1825 entstandene Darstellung ist heute die Anlage noch in fünf größere Flächen gegliedert, die von Blumenrabatten und Buchsbaumhecken eingefaßt sind. Auf der von Rabatten umgrenzten Rasenfläche befanden sich die Gemüsebeete. Das Zentrum des Gartens bildet heute ein großer Bergahorn. Im Süden und Westen wird das Grundstück von einer Mauer begrenzt, in die sich zwei barocke Pavillons und das 1821 durch Clemens Wenzeslaus Coudray errichtete Torhaus einfügen. Für den Bau des Torhauses mußte Goethe einen Teil seines Gartens opfern. Parallel zur südlichen Mauer verläuft ein Weg, den Kornelkirschen säumen. Goethe

Eduard Lobe:
Goethe mit seinen Enkeln im Hausgarten

ließ die Cornushecke im Frühjahr 1817 anlegen und beauftragte dazu den Hofgärtner Diezel, die Pflanzen herbeizuschaffen. Teile der Hecke stammen noch aus dieser Anpflanzung.

Im Osten grenzt der 1935 eröffnete Museumsbau mit der vorgelagerten Wiese an das Goethesche Anwesen. Hier, außerhalb des historischen Gartengeländes, wurde 1982 ein etwa zehnjähriger Ginkgobaum gepflanzt. Das zweigeteilte Ginkgoblatt inspirierte Goethe 1815 zu einem Gedicht, das in das »Buch Suleika« des *West-östlichen Divans* aufgenommen wurde.

Auf etwas tieferem Niveau als der Garten schließt sich ein wenig versetzt an das Hinterhaus im Osten der 1913/14 geschaffene Sammlungsanbau an, der die Stelle von zwei bereits 1890 wegen Brandgefahr abgerissenen Nachbarhäusern einnimmt. Hier wurden bis 1935 in zwei Etagen Goethes Kunstsammlung und seine naturwissenschaftlichen Sammlungen präsentiert. Im zweiten Stock sind nach baulichen Veränderungen seit 1960 Goethes Sammlungen zur Farbenlehre, Botanik, vergleichenden Anatomie und Zoologie, zur Physik und Chemie (rund 5000 Objekte) in Schauschränken magaziniert. Auch dieses naturwissenschaftliche Kabinett ist Besuchern nach Anmeldung zugänglich.

Die beiden barocken Gartenpavillons aus der Zeit zwischen 1710 und 1735 verwendete Goethe über ihren eigentlichen Zweck hinaus zunehmend zur Aufbewahrung naturwissenschaftlicher Sammlungsstücke. Der westlich am Frauenplan gelegene Pavillon mit Zugang ausschließlich von der Gartenseite kam 1792 in seinen Besitz. Von 1798 an nannte er ihn sein Mineralienkabinett. Das Erdgeschoß und das Zimmer im ersten Stock nahmen Schränke und Regale für seine wachsende »Sammlung zur gesamten Mineralogie« auf, darunter geognostische Suiten, z.B. aus dem Harz, der Schweiz und Italien, dazu seine Sammlung der Gebirgsarten (Gesteinssammlung). Nach und nach quartierte er hier außerdem »Naturprodukte« anderer Art (Botanisches, Anatomisches), physikalische Gerätschaften, auch »allerhand Sonderbarkeiten« ein. Für Besucher ist dieser Pavillon nicht zugänglich.

Den zweiten Pavillon im östlichen Teil des Gartens an der Ackerwand hatte Goethe seit 1808 mit dem zugehörigen Gartenstück zwischen Seifengasse und Ackerwand zunächst in Pacht. Auch in ihm brachte er von 1818/19 an Mineralienschränke unter, die u.a. die von seinem Sohn August betreuten Versteinerungen enthielten.

Bei Goethes Tod waren alle drei Etagen für Sammlungszwecke genutzt. Seit 1971 kann der Besucher nach vorheriger Anmeldung im Goethe-Nationalmuseum dort wie zu Goethes Zeit Einblick in die fast 18 000 Stücke umfassende Sammlung nehmen, die sich auf rund 100 regionale Suiten, auf drei systematische Sammlungen (zur Geologie, Mineralogie und Paläontologie) und auf einen Schrank mit geschliffenen Steinen (überwiegend Marmor) verteilen. Besonders attraktiv sind zwei fossile Stoßzähne vom »Elephanten« (Palaeoloxodon antiquus = Waldelefant) aus dem Weimarer Travertin der Quartärzeit.

Steinpavillon, erste Etage

Ausstellungskatalog: Goethe als Sammler. Kunst aus dem Haus am Frauenplan. Strauhof Zürich, Bd. 3, Zürich 1989.

Ausstellungskatalog: Kostbarkeiten aus Goethes Kunstsammlung, Duisburg 1987.

Bartsch, Adam: Le Peintre-graveur. 21 Bde. Wien, Degen, Mechette 1803–1821.

Beskow, Bernhard von: Über seinen Besuch im Goethehause 1834. In: Goethe-Jahrbuch, Bd. 32, Frankfurt a.M. 1911, S. 34–42.

Beyer, Jürgen: Historische Tapeten in Weimar, Bad Homburg und Leipzig 1993.

Beyer, Jürgen und Jürgen Seifert (Bearb.): Weimarer Klassikerstätten. Geschichte und Denkmalpflege, Bad Homburg und Leipzig 1995.

Deetjen, Werner: Das Haus am Frauenplan seit Goethes Tod. Dokumente und Stimmen von Besuchern, Weimar 1935.

Dietrich, Friedrich Gottlieb: Lexikon der Gärtnerei und Botanik, Ulm 1840.

Eckermann, Johann Peter: Gespräche mit Goethe in den letzten Jahren seines Lebens. Hrsg. von Regine Otto, Berlin und Weimar 1987.

Femmel, Gerhard u.a.: Corpus der Goethe-Zeichnungen, Bd. 1–7, Leipzig und München 1958–1979.

Femmel, Gerhard und Gerald Heres: Die Gemmen aus Goethes Sammlung. Katalog, Leipzig 1977.

Femmel, Gerhard: Goethes Graphiksammlung. Die Franzosen. Katalog und Zeugnisse, Leipzig 1980.

Frommann, F.J.: Goethes Tod und Bestattung. Ein Brief. In: Goethe-Jahrbuch, Bd. 12, Frankfurt a.M. 1891, S. 133–138.

Goethe: Werke. Hrsg. im Auftrage der Großherzogin Sophie von Sachsen, Weimar 1887–1919 (Weimarer Ausgabe). Abteilung I: Poetische Werke und Schriften; Abteilung II: Naturwissenschaftliche Schriften; Abteilung III: Tagebücher; Abteilung IV: Briefe.

Johann Wolfgang Goethe: Sämtliche Werke nach Epochen seines Schaffens. Münchner Ausgabe. Hrsg. von Karl Richter in Zusammenarbeit mit Herbert G. Göpfert, Norbert Miller, Gerhard Sauder und Edith Zehm, München 1985 ff.

Grumach, Ernst: Goethe und die Antike, Bd. 1–2, Potsdam 1949.

Hahn, Karl-Heinz (Hrsg.): Briefe an Goethe. Gesamtausgabe in Regestform, Bd. 1–5, Weimar 1980–1992.

Hecht, Wolfgang: Allerlei freundliche Dinge. Geburtstagsgeschenke für Goethe, Weimar 1985.

Hecker, Max (Hrsg.): Goethes Briefwechsel mit Heinrich Meyer, Bd. 1–4, Weimar 1917–1932 (Schriften der Goethe-Gesellschaft, Bd. 32, 34, 35 I–III).

Herwig, Wolfgang (Hrsg.): Goethes Gespräche. Eine Sammlung zeitgenössischer Berichte aus seinem Umgang auf Grund der Ausgabe und des Nachlasses von Flodoard Freiherrn von Biedermann, Bd. 1–4, Zürich und Stuttgart 1965 ff.

Huschke, Wolfgang: Einige Orts- und familiengeschichtliche Betrachtungen über Goethes Weimar. In: Festschrift für Friedrich von Zahn, Bd. 1, Köln, Graz 1968 (Mitteldeutsche Forschungen, Bd. 50/I), S. 539–597.

Immermann, Karl: Goethes Haus. Tagebuchaufzeichnungen anläßlich seines Besuches in Weimar 1837. In: Werner Deetjen: Das Haus am Frauenplan seit Goethes Tod, Weimar 1935. (Schriften der Goethe-Gesellschaft, Bd. 48, S. 24–35).

Jericke, Alfred: Goethe-Haus am Frauenplan, Weimar 1958.

Jericke, Alfred und Dieter Dolgner: Der Klassizismus in der Baugeschichte Weimars, Weimar 1975.

Kahn, R. H.: Goethes Augen, deren Beschaffenheit und Sehvermögen. In: Goethe im Spiegel der Lebensforschung, Wien und Leipzig 1932.

Keil, Robert: Das Goethe-Nationalmuseum in Weimar. Erinnerungen an Goethe und Alt-Weimar, 2. Aufl., Weimar (1905).

Klauß, Jochen und Jürgen Pietsch: Goethes Wohnhaus in Weimar, Weimar 1991.

Maaz, Bernhard: Christian Friedrich Tieck 1776–1851. Leben und Werk unter besonderer Berücksichtigung seines Bildnisschaffens. Diss. Martin-Luther-Universität Halle-Wittenberg, Berlin 1990.

Matthaei, Rupprecht: Die Farbenlehre im Goethe-Nationalmuseum, Jena 1941.

Meyer, Johann Heinrich: Geschichte der Kunst. Hrsg. von Helmut Holtzhauer und Reiner Schlichting, Weimar 1974 (Schriften der Goethe-Gesellschaft, Bd. 60).

Müller, Friedrich von: Unterhaltungen mit Goethe. Hrsg. von Renate Grumach, Weimar 1982.

Prescher, Hans: Goethes Sammlungen zur Mineralogie, Geologie und Paläontologie. Katalog, Berlin 1978.

Riemer, Friedrich Wilhelm: Mitteilungen über Goethe. Hrsg. von Arthur Pollmer auf Grund der Ausgabe von 1841 und des handschriftlichen Nachlasses, Leipzig 1921.

Roethlisberger, Marcel v. (Hrsg.): Im Licht von Claude Lorrain. Landschaftsmaler aus drei Jahrhunderten, Ausstellungskatalog, München 1983.

Ruppert, Hans: Goethes Bibliothek. Katalog, Weimar 1958.

Schleif, Walter: Goethes Diener, Berlin und Weimar 1965 (Beiträge zur deutschen Klassik, Bd. 17).

Schuchardt, Chr(istian): Goethes Kunstsammlungen, T. I–III, Jena 1848–1849.

Schuette, Marie: Das Goethe-Nationalmuseum zu Weimar. Große Ausgabe des Führers, Leipzig 1910.

Schulte-Strathaus, Ernst: Die Bildnisse Goethes, München o. J. (Propyläen-Ausgabe von Goethes sämtlichen Werken, 1. Supplement).

Seidler, Lebenserinnerungen: s. Uhde.

Soret, Frédéric: Zehn Jahre bei Goethe. Erinnerungen an Weimars klassische Zeit 1822–1832. Hrsg. von H. H. Houben, Leipzig 1929.

Trunz, Erich: Weimarer Goethestudien, Weimar 1980 (Schriften der Goethe-Gesellschaft, Bd. 61).

Trunz, Erich: Zelters Grundriß-Skizzen des Goethe-Hauses am Frauenplan. In: Jahrbuch der Sammlung Kippenberg N.F. 4/1983, S. 169-179.

Tümmler, Hans (Hrsg.): Goethes Briefwechsel mit Christian Gottlob Voigt, Bd. 1–4, Weimar 1949–1962 (Schriften der Goethe-Gesellschaft, Bd. 53–56).

Uhde, Hermann (Hrsg.): Erinnerungen und Leben der Malerin Louise Seidler, Berlin 1874.

Voigt, Johann Carl Wilhelm: Mineralogische Reisen durch das Herzogtum Weimar und Eisenach und einige angrenzende Gegenden, Dessau 1782.

Vulpius, Wolfgang: Christiane. Lebenskunst und Menschlichkeit in Goethes Ehe, Weimar 1949.

Vulpius, Wolfgang: Walther Wolfgang von Goethe und der Nachlaß seines Großvaters, Weimar 1962 (Beiträge zur deutschen Klassik, Bd. 14).

Wahl, Hans (Hrsg.): Briefwechsel des Herzogs-Großherzogs Carl August mit Goethe, Bd. 1–3, Bern 1971.

Walther, Johannes (Hrsg.): Goethe als Seher und Erforscher der Natur, Halle 1930.

Weichberger, Alexander: Das Goethehaus am Frauenplan. Die Geschichte des Hauses von der Erbauung bis zu Goethes Zeit, Weimar 1932.

Weitz, Hans-J. (Hrsg.): Sulpiz Boisserée, Tagebücher, Bd. 1–2, Darmstadt 1978, 1981.

Zur Zitierweise

Auf den bibliographischen Nachweis von Zitaten ist im laufenden Text verzichtet worden. Erwähnungen aus Goethes Werken sind nach der Münchner Ausgabe zitiert. Brief- und Tagebuchnotizen basieren auf der Weimarer Ausgabe oder, im Falle von Briefen, die an Goethe gerichtet sind, auf dem jeweils im Literaturverzeichnis angegebenen Briefwechsel.
Die Orthographie der Brief- und Tagebuchzitate folgt jedoch vereinheitlicht dem Editionsprinzip der Münchner Ausgabe. Nennungen von Sekundärliteratur sind über den angegebenen Autor im Literaturverzeichnis zu finden.

Einleitung: Gisela Maul (Zur Geschichte des Goethehauses)
Erich Trunz (Die Goetheschen Sammlungen)

Rundgang: Margarete Oppel (Vorderhaus, Christianezimmer, Remise)
Gisela Maul (Hinterhaus, Hausgarten)
Katharina Krügel (Plastik)
Marie-Luise Kahler (Steinpavillon)

Einbandentwurf: Büro Hartmut Brückner, Bremen
Photographien: Toma Babovic, Bremen
Sigrid Geske, Weimar
Jürgen M. Pietsch, Spröda

Satz und Reproduktion: Gloor Satz Repro GmbH, München
Druck und Bindung: Franz Spiegel Buch GmbH, Ulm

ISBN 3-446-18701-4
Printed in Germany